Heinrich Karl Wilheim Berghaus

Wallfahrt durchs Leben

Vom Baseler Frieden bis zur Gegenwart von einem Sechsundsechsziger

Heinrich Karl Wilheim Berghaus

Wallfahrt durchs Leben

Vom Baseler Frieden bis zur Gegenwart von einem Sechsundsechsziger

ISBN/EAN: 9783743620551

Hergestellt in Europa, USA, Kanada, Australien, Japan

Cover: Foto ©ninafisch / pixelio.de

Manufactured and distributed by brebook publishing software (www.brebook.com)

Heinrich Karl Wilheim Berghaus

Wallfahrt durchs Leben

Wallfahrt durch's Leben.

Wallfahrt durch's Leben

vom

Baseler Frieden bis zur Gegenwart.

Von einem

Sechsundsechsziger.

Leipzig,
Hermann Costenoble.
1862.

Die Uebersetzung dieses Werkes in fremde Sprachen wird vorbehalten.

Inhaltsverzeichniss.

                                                              Seite

In den Alpen. Briefe aus den Jahren 1856 und 1859   7

In den Alpen.
Briefe aus den Jahren 1856 und 1859.

29.

Schloß ——, im ——thal, den 28. Juli 1856.
Am Abend.

Mein geliebtes Weib!

Das war doch einmal wieder ein Labsal, nach langer Zeit einen so herzigen Brief empfangen zu haben, einen so lustigen und zugleich so — beißenden, wie Du lange nicht geschrieben. Der Bote zur Poststation — brachte ihn heute Vormittags mit. Du hast mich durch diesen Brief wiederum sehr glücklich gemacht; ich habe ihn geküßt und abermals geküßt und die Schriftzüge; kommen sie doch aus dem Herzen meiner Gebieterin diese Gedanken, die Deine liebe Hand mahnend, tadelnd und etwas — schmollend auf's Papier gezaubert, das ich an meinem Herzen verborgen habe, wo es an seinem rechten Fleck und sicher ist, nicht von ungeweihten Augen betrachtet und gelesen zu werden, wie Du als eine Möglichkeit andeutest, woran ich in meiner Harm- und Arglosigkeit noch gar nicht gedacht. Erlaube, liebe Marie, daß ich zunächst Deine Fragen, unser Hauswesen betreffend, welche Du als eine kluge und weise Wirthin vorangestellt hast, beantworte.

—————————————
—————————————

Ich gehe und stehe und sitze, ich esse und trinke und schlafe wie alle Anderen, — das Schlafen doch nicht so wie die Anderen, da ich dazu nur vier bis fünf Stunden gebrauche, — aber das hindert nicht, daß ich doch recht krank bin, und wie Du, mein geliebtes Weib, sehr richtig urtheilst, an jener vermaledeiten Krankheit leide, auf deren Heilung Du nun schon beinahe sechs Jahre Deine liebevolle Pflege mit all' ihren süßen Arzeneien gewidmet, fast möcht' ich sagen: erfolglos verschwendet hast. Erfolglos? Oh, nein, ich würde mich des schwärzesten Undanks schuldig machen, wollt' ich so 'was sagen. Im Gegentheil, die Kur, in die mich Deine Liebe genommen, hat schon gewirkt, wenn auch noch nicht das Uebel an der Wurzel gehoben. Zur Erklärung dieser

Erscheinung darfst Du aber nur auf Zeitdauer sehen: Herrschaft der ersten Ehe = 23 Leidensjahren; Interregnum = 6 Jahren; zweite Ehe = 6 Freudejahren; daher Verhältniß der Freude zum Leid = 1 : 4, wenn sonst die Arithmetik im Stande ist, Seelenzustände durch ihre Zeichen, die Ziffern, zu vergegenwärtigen, woran ich zweifle, was auch einst, vor etwa vierzig Jahren, ein Professor der Landshuter Hochschule (der Name des Mannes fällt mir nicht gleich bei) dafür sagen und gründlichst auseinander setzen mochte. Also! ich gehöre nicht zu den Undankbaren, die man überhaupt kaum findet, so lange man im Stande ist, Gutes zu thun. Alles, was mein schöner Mentor mir für mein Verhalten in der bewußten Sache an die Hand giebt, soll, so weit es noch möglich, befolgt werden, und jeder seiner Wünsche ist, wie sich von selbst versteht, Befehl für mich. Du schmälst, liebe Marie, und ich nehme Alles dankerfüllten Herzens an, und sage mit demselben Dichter, den Du citirst:

.....Je ne cherche point, je ne veux point d'excuse,
Il n'en est point pour moi, lorsque l'amour m'accuse.

Was für eine böse Angewohnheit aber ist es, französische Schriftsteller vor Augen und im Sinne zu haben, statt der heimischen mit der Mutter=

sprache! Bei mir erklärlich! Stand meine Wiege nicht unter Franzosengewalt der Republik? Hat meine Jugend nicht französisch gedacht, gesprochen, geschrieben? Und war Marion, der erste Marienstern meines Lebens, nicht Französin?!

Dies sind die letzten Zeilen, die Du aus dem Schlosse —— von mir empfängst. Morgen reis' ich wirklich ab. Ich werde Dir von meinem nächsten Rastorte schreiben. Lebe wohl, Geliebte, Du mit der Dreiheit schönster Frauenzier Geschmückte: fromme Güte, edle Treue, feiner Sitte Anmuth! August herzlichen Vatergruß.

Ewig Dein
Karl.

30.

Rosenheim, 30. Juli 1856.
Abends.

Geliebte Marie!

Hier sitz' und lieg' ich, einsam und verlassen, mit Wunden am Kopf und Quetschungen an Arm und Bein, Folgen eines Bergsturzes, den ich mir durch zu große Kühnheit zugezogen; und zu spät war es, als ich, von einem Felsen zwanzig Fuß und darüber tief herabgestürzt, dalag auf weicher Rasenmatte und dachte, alle Kühnheit ist eitel Prunkwerk, wenn sie nicht mit Klugheit gepaart ist. Mit diesem Unfall ist es so zugegangen:

Gestern Nachmittag verließ ich Schloß — —. Die Burgfrau hatte anspannen lassen, um mich thalabwärts bis — zu fahren, von wo ich nach dem Rathe unsers Freundes Joseph die Fußwanderung über die Berge antreten sollte, um auf einem Richtwege, der zugleich viel Merkwürdiges zur Beobachtung tagegehender Schichtenköpfe darzubieten versprach, in's ebene Land zu gelangen. In — — nahm ich einen Führer. Anderthalb Stunden ging es immer bergauf, dann abwechselnd ab= und aufwärts, mit jedem Schritt eine neue, eine andere Aussicht, die sich auf freien Waldkuppen eröffnete. Die Stelle der geologischen Merkwürdigkeit war erreicht. Ich zeichnete das Bild der Schichtenköpfe in mein Album und nahm, um einen möglichst genauen geometrischen Abriß zu bekommen, die Maße ab. Darüber verging die Zeit. Die Sonne senkte sich mit Macht zum Gesichtskreis; kaum hatte sie noch einen Bogen von funfzehn Graden zu durchlaufen, bevor sie untertauchte, und noch eine Stunde Weges hatt' ich zu machen, bevor ich am Fuß des Berges, und damit auf der Ebene von Rosenheim sein konnte. Mein Führer trieb zur Eile. Wir stiegen bergab auf jähem Felsenstieg, gestützt auf Alpenstock und in Alpenschuhen, davon Baron Joseph mir das Paar mitgegeben, welches ich bei meinen, vom Schlosse —— unternommenen Bergwanderungen getragen. Es dunkelte schon lange, als wir den letzten Bergabsatz erreichten. Da öffnete sich zur linken Hand ein schmaler Steig, der mir ein Richtweg zu sein schien, weil nach der Seite Rosenheim lag. Mein Führer war derselben Meinung. Vorgesehen, rief er mir zu, ich will vorangehen, es geht gar zu steil bergab; immer das Auge auf den Steig gerichtet, nicht links, nicht rechts gesehen! Und kaum hatt' er so gesprochen, als ich, seine Warnung überhörend, aufblickte, und in demselben Augenblick den Boden unter mir verlieren fühlte; ich rutschte und stürzte an ihm vorüber in die Tiefe. Da hab' ich denn eine halbe Stunde besinnungslos gelegen. Als ich wieder zu mir kam, fand ich mich mit verbundenem Kopf. Mein Führer hatte sein Sacktuch und das meinige genommen, beide in einen nahen Quell getaucht und so das Blut zu stillen gesucht, das mir aus zwei Wunden am Kopfe floß. Ich empfand große Schmerzen am linken Arm und linken Bein. Mit Mühe erhob ich mich; und so bin ich denn, auf des braven Mannes Arm gestützt, in finsterer Nacht gehinkt und gehumpelt bis hierher nach Rosenheim, wo wir die Leute aus den Betten treiben mußten. Wie erschraken sie, als ein Verwundeter über ihre Schwelle trat! Und als sie mich erkannten, mit welchem Eifer sprangen Hausherr und Hausfrau herbei, mir zu helfen, mich auf ein Lager zu bringen; und abwechselnd mit meinem Führer haben sie die ganze Nacht meinen Fieberschlummer überwacht, mit kalten Umschlägen der Geschwulst wehrend, die an verletzten Gliedern unvermeidlich ist.

Den Führer hab' ich am Vormittag entlassen und nach dem Schlosse —— geschickt, um dem Baron Joseph von dem mich betroffenen Unfalle mündlich Bericht zu erstatten. Die liebevolle Pflege aber, die mir von der Hauswirthin den ganzen Tag über zu Theil geworden, hat mich in Stand gesetzt, die Feder zu ergreifen, um auch Dir, geliebtes Weib, von der Ursache Kenntniß zu geben, die meine Rückkehr in den Kreis meiner Penaten um einige Tage verzögern wird. Sei ohne Sorgen! Der 25füßige Bergsturz wird nicht von Folgen sein.

Indem ich diese Zeilen verschließen will, tritt der Wirth des Hauses ein, um mir zu sagen, daß sie heut' Abend nicht mehr befördert werden können: die Post von Salzburg nach München, mit der die Briefe nach dem Norden gehen, sei so eben weiter gefahren. Vierundzwanzig Stunden gewinn' ich, nach deren Ablauf ich Dir sagen kann, wie es mir geht; und eben so viel Zeit gewinnst Du, Dich nicht zu betrüben. Denn betrüben, nicht wahr? — wirst Du Dich doch über den Unfall
Deines Karl.

31.

Zwei Briefe Mathildens von Z. an Frau Maria.
Erster.

Rosenheim, am 31. Juli.

Hochgeschätzte Freundin!

Erlauben Sie, gnädige Frau, so die Gemahlin eines Mannes anreden zu dürfen, in dessen hervorragender Persönlichkeit ein junges, Ihnen unbekanntes Mädchen den Freund seines Oheims und, es schmeichelt ihm, es sagen zu dürfen, den eigenen Freund, gewissermaßen einen zweiten Vater, verehrt, ihn auch — liebt.

Gestern Abend kam der Bote, den Ihr Herr Gemahl vorgestern in — — angenommen hatte, um als Führer und Begleiter nach Rosenheim zu dienen, nach Schloß — — mit der betrübenden Nachricht von dem, beim Herabsteigen von der letzten Felsenstufe, erlittenen Unfalle. Der Bote schilderte die Verletzungen, welche Ihr Herr Gemahl davon getragen, als so bedenklich, daß mein Oheim Joseph sofort beschloß, hierher zu eilen zum Beistand und Trost des lieben Freundes. Meine Cousine, Agnes von J., und ich waren gleich erschrocken. Beide baten wir den Onkel, uns mitzunehmen; der aber meinte, es sei an Einer genug. Da wir uns nicht verständigen konnten, wer fahren solle, schlug Oheim Joseph vor, das Loos entscheiden zu lassen. Mich hat das glückliche Loos getroffen, Ihren Herrn Gemahl pflegen zu dürfen, indem ich mit der Hauswirthin abwechsele, die sich des lieben Verwundeten mit großer Hingebung angenommen hat. Nach Anordnung des Arztes, der heute früh gerufen werden mußte, weil die Kopfbetäubung zugenommen hatte, wahrscheinlich, weil Ihr Herr Gemahl, zu wenig auf seinen Zustand achtend, gestern Abend

einen längern Brief an Sie geschrieben, was wol
zu anstrengend für ihn gewesen, machen wir, die
Hauswirthin und ich, alle Viertelstunden frische
Eisumschläge, was dem Kranken große Linderung
verschafft. Seien Sie, gnädige Frau, unbesorgt.
Der Arzt versichert uns, daß die äußeren Verletzun=
gen Nichts auf sich hätten, und durch Ruhe und
gute Pflege bald beseitigt sein würden, während
für eine Verletzung der inneren, edleren Theile
des Hauptes bis jetzt gar kein Anzeichen vorliege.
An der Pflege soll es nicht mangeln. Der Onkel
und ich bleiben bei dem edlen Freunde, bis wir
ihn ganz geheilt über Schloß — —, die Besitzung
meiner Eltern, in die Heimath zu seiner Gemah=
lin und seiner Familie entlassen können. Der Arzt
giebt Hoffnung, daß dies binnen wenig Tagen
geschehen werde.

Ich empfehle mich dem Wohlwollen meiner
werthgeschätzten Freundin eben so verehrungsvoll
als ergebenst.

Mathilde von Z.—

N.=S. Ihr Herr Gemahl beauftragt mich, den
anliegenden Brief von gestern Abend beizuschlie=
ßen, und „der Regentin seines Herzens," wie er
sich liebenswürdig ausdrückt, Namens seiner, alles

Gute und Schöne zu wünschen. Ich erlaube mir,
mich diesem Wunsche anzuschließen.

Zweiter Brief.

Rosenheim am 5. August.

Verehrte Freundin!

Glücklich bin ich, meine gnädige Frau, aber
auch unglücklich! Glücklich, — daß ich Ihnen die
baldige Wiederherstellung Ihres Gemahls melden
kann; unglücklich, — daß ich ihn nicht mehr
pflegen kann! Ich fühle, daß die Schwäche der
Selbstsucht aus mir spricht, eine Schwäche, die
den Kreis des — Lasters nahe berührt; ich ge=
stehe, daß ich Sie beneide, daß ich Sie im Besitze
dieses Mannes für die Beneidenswertheste unseres
Geschlechts halte. Zürnen Sie mir ob dieses
freimüthigen, offenen Geständnisses? Ihr Herr
Gemahl hat mich in Ihrem Namen und in dem
seinigen eingeladen, zu Ihnen zu kommen. So
schmeichelhaft die freundliche Berücksichtigung eines
früher geäußerten Wunsches ist, der sich ausschließ=
lich auf Sie, meine gnädige Frau, und das innigste
Verlangen bezog, Ihre persönliche Bekanntschaft
zu machen, um Ihnen mündlich die Bitte vor=

tragen zu können, auch mir einen kleinen Antheil an Ihrem Herzen zu gönnen; jetzt darf ich der Einladung nicht mehr Folge geben! Ich bin recht unglücklich! Seien Sie meine Vertraute, lassen Sie mich weinen, meinen tiefen Schmerz ausweinen an der Brust der ältern Schwester, die alle Gedanken eines Mannes erfüllt, den ich verehre, ben ich mehr als verehre, den ich — —! Ich kann das Wort nicht aussprechen, ich darf es nicht! Das weibliche Gefühl wird es errathen! Oh, ich bin sehr unglücklich, und noch unglücklicher werd' ich sein, wenn die Freundin, in deren Busen ich das Geheimniß meines Herzens niederzulegen wage, mich verwirft! Und könnt' es anders sein? Ist doch die Freundin, die zu gewinnen mein Sehnen ist, — ist sie doch die vielgeliebte, die heißgeliebte Gattin des Mannes, den auch ich ——! Marie, Du Beglückte, ich muß bekennen, ich muß den beklemmenden Gefühlen meiner Brust Luft machen, ich — — ich — — ich — — liebe Deinen Karl!

Ich fühle mein Herz erleichtert durch ein Geständniß, das mich namenlos unglücklich macht, weil ich für ewige Zeiten die Hoffnungslose bin.

Nein, ich bin nicht hoffnungslos! Marie! weder Du noch sonst ein weiblich Wesen vermag es, diesen Mann so zu lieben, wie ich ihn liebe. Ich buhle neben Dir um seine Liebe! Nur ich kann ihn glücklich machen, nur ich allein; ich muß ihn mein nennen, wenn ich nicht unglücklich werden soll, — — soll ich bei Sinnen bleiben. Tritt ihn an mich ab, Marie, den Karl, der nicht Dein ist, der mir und nur mir gehört! Welche Wonne rieselte durch mein ganzes Sein und Empfinden, als er auf dem Schmerzenslager, betäubt wie er war, sich sehnte nach seiner Marie, wie er in Augenblicken klarern Bewußtseins den Namen Marie lispelte und zu mir flüsterte: „Mathilde, wilde Fieber=Phantasien gaukeln mir Marie vor: Du liebes Kind, wie wird Marie Dir dankbar sein für all' die Hingebung, die Du ihrem Karl zum Opfer bringst!"

Dieses Du, dieses trauliche Du, es zittert vor dem innern Ohr meiner Empfindungen, wie die Tonwellen einer süßen Melodie in der äußern Luft verschwimmen.

Marie, glaubst Du, daß ein Weib glücklicher sein könne, als Du es bist im Besitze dieses Mannes? Mag der Neid, mit seinen Brüdern und Vettern, dem Geiz, dem Zorn und dem Ehrgeiz, der Seele eine größere und gefährlichere Wunde sein, als es dem Leibe Geschwüre und Eiterbeulen

2*

sind: ich laß' es drauf ankommen — ich muß es
drauf ankommen lassen, — ich beneide Dich; —
und der Neid ist unvertilgbarer als der — Haß!

Haß' ich denn? Unglückseliger Gedanke! Wie
könnt' ich Die hassen, die Karl liebt, mit einer
Wärme, einem Feuer, einer Gluth liebt, wie
noch keine unsers Geschlechts vom Manne ge=
liebt worden ist.

Maria, die Himmelsgöttin, fleh' ich an: Er=
barme Dich meiner. So fleh' ich auch zu Dir, Marie,
Dich meiner zu erbarmen; üb' Barmherzigkeit,
hab' ein barmherzig' Herz — gieb mir den Mann,
den ich liebe, laß ihn mir, der mein Vater, mein
Großvater sein könnte. Welch' ein Irrsal ist
mein junges Herz geworden! Ist's auch umge=
kehrt? Giebt es ein junges Männerherz, schwär=
mend für ein Weib, das des Jünglings Mutter,
— Großmutter sein könnte! Oh, wie wunderbar
ist das Spiel der Natur!

So leicht es ist, sich selbst zu täuschen, so
schwierig ist es, Andere zu täuschen, ohne daß
es von ihnen bemerkt werde. Wer aber kann
von mir sagen, daß ich Dich habe täuschen wollen?
Welch jungfräuliches Herz ist je aufrichtiger ge=
wesen, als das meine — gegen die eigene Frau
des Mannes, der der erste ist, welcher das Gefühl

unendlicher Freude, aber auch, als unerreichbar, die Empfindung entsetzlicher Pein und Qual in ihm erweckt!

Die Schlechten haben Mühe, vereinigt zu bleiben; wir Guten wollen und werden zusammenhalten, eng verschwistert mit dem Bruder, den Du liebst, den ich — anbete! Es liegt in der Natur des Menschen, daß, wenn er glücklich ist, er immer noch glücklicher sein will. Auch meine Natur hat, weil sie einem Sterblichen gehört, dieses Sehnen, dieses Hangen und Bangen! Eine einzige Hand auf der Welt ist da, die mich noch glücklicher machen kann; diese einzige ist Deine Hand, Marie!

Hebe sie auf, Marie, zu meiner Beglückung; ruf' mich zu Dir auch nach allen diesen Bekenntnissen der jüngeren Schwestern; laß mich Deine Magd sein, laß mich dieselbe Luft athmen, die Du mit ihm athmest; Niemand kann mehr und treuer Deine Dienerin sein, als ich. An Deiner Seite ein Blick aus seinem Auge wird den Arm mir nicht zittern machen, meinen Muth nicht zu Eis erstarren lassen, wie jetzt im Alleinsein, wenn mein Blick auf seinem majestätisch=ehrwürdigen Antlitz verstohlen ruht. Ruf' mich zu Dir, Marie; meine Tugend wird keine zweifelhafte sein! Möge

Gott mir lieber das Leben nehmen, als zugeben, daß Undank gegen Dich und ihn Herr meines Herzens werde!

Den 6. August.

Ach, meine gnädige Frau, verehrte und doch so beneidete Freundin! ich flehe Sie an um Vergebung meiner Sünden; nur Sie können den Ablaß mir gewähren, um den voll Reue und Zerknirschung ich bitte; kein Priester meiner Kirche vermag es! Retten Sie mich vom — geistigen Tode, retten Sie mich vom Irrsinn, vom Wahnsinn, an dessen Rand ich stehe. Lassen Sie mich Ihnen den Ausdruck der Liebe und Verehrung zu Füßen legen, welche bis zum letzten Athemzuge klaren oder — — gestörten Denkens ich stolz sein werde, für Sie zu empfinden.

Mathilde von S.

32.

Karl an Marie.

Rosenheim, 6. August 1856.

Theures Weib!

Der Sturz von einer der letzten Felsenstufen des Alpenhangs ist doch bedenklicher gewesen, als ich es in dem Schreiben vom 30. v. M. vermuthete. Wäre Baron Joseph nicht gekommen, und hätt' er nicht Mathilde von Z. mitgebracht, wer weiß, ob ich schon heute so weit wäre, wie ich es unter der Pflege dieser Samariterin geworden bin. Sie selbst hat Dir gemeldet, ich glaube, durch ein Schreiben vom 31. Juli, daß sie auf die Nachricht von meinem Unfall mit ihrem Oheim herbeigeeilt, mir zur Hülfe, zur Pflege und zum Troste. Unendlich groß ist der Dank, den ich diesen guten Menschen schulde, besonders dem „lieblichen Kinde" — (wegen dessen Du, theures Weib, mich schiltst!) —, das die Pflichten einer barmherzigen Schwester der Krankenpflege mit einer Hingebung und aufopfernden Liebe bei Tag und bei Nacht gegen mich geübt hat, wie kaum Du, geliebte Marie, es im Stande gewesen wärest. Die wilden Phantasien eines heftigen Wundfiebers, das mir die Glieder gerüttelt und geschüttelt, hat das gute Kind verscheucht durch milde Zu= und Ansprache, in der es mir Marien=Bilder vorgaukelte, zu denen es den Sinn aus Erzählungen geschöpft, die ich auf dem Schlosse — — im abendlichen Familienkreise vorzutragen pflegte. Diese Bilder, in denen Du, Marie, die Madonna warst, haben durch das Ohr Balsam mir in die

Seele ergossen und ihre fiebergestörten Kräfte gesundet, gestärkt und zur neuen, vollen Thätigkeit gehoben. Eine heftige Erschütterung des Kopfes, deren Symptome erst am dritten Tage zum Vorschein kamen, ist die Folge des Sturzes gewesen, der, im Anfang rutschend, Kopf oben Kopf unten gewesen ist, wie mein Begleiter und Führer dem Baron Joseph erzählt hat. Ich weiß Nichts davon, ich weiß nur, daß mir Hören und Sehen verging, als ich in's Stürzen kam. Die Betäubung ist gehoben durch Ruhe und die liebevollste Pflege; doch empfind' ich noch dann und wann ein wirres Sausen in den Ohren und einen stechenden Schmerz im Scheitel, was Beides sich mit der Zeit verlieren werde, — so tröstet der Arzt, ein eben so achtungswerther als liebenswürdiger Mensch von altbaierischer Race. Unser großer, aber auch — langer Dr. St. wird rathen müssen, wenn jene Empfindungen bei der Rückkehr an's Obula=Ufer noch nicht geschwunden sein sollten. Noch ein paar Tage soll ich hier rasten. Hing' es von meinem Wollen ab, — ich thät' es nicht. Zieht mich doch mein Herz zu Dir, Marie, dem ich entgegenfliegen möchte durch die Lüfte, wäre Degen's, des Wiener Uhrmachers, Erfindung der Flugmaschine in dem zuletzt verflossenen Halbjahrhundert eben so ver=

folgt, veredelt und vervollkommnet worden, als so
manch' anderes Getriebe der Mechanik, von dem
die Welt zu Degen's Zeit nicht die leiseste Ah=
nung hatte. Baron Joseph von Y. bleibt bei mir
bis zu meiner Abreise, wie sehr ich auch in ihn
dringe, heimzukehren nach Schloß ——. „Da bin
ich entbehrlich," antwortet er mir jedes Mal, „hier
noch immer nöthig, auch Mathilde ist's." Ach, die
Beiden sind so liebe, so gute Menschen; auch der
Hauswirth und seine Frau! Wie soll ich ihnen
Allen danken, und Du, Marie? Meine kleine Dia=
konissin ist seit gestern traurig gestimmt, und heute
hat das „liebliche Kind" sogar verweinte Augen.
Auf meine Frage, was ihr fehle, ob ich etwa in
meinen Fieber=Phantasien ihr wehe gethan, giebt
es mir ein Nein! mit so schwermüthigem Blick
zur Antwort, daß ich an dem sonst so heitern
Wesen irre werden könnte.

Mein geliebtes Weib, gieb mir Nachricht nach
Schloß ——, hier möchte sie mich nicht mehr
treffen. Und sind es auch nur ein Paar Zeilen!
Ich bin genügsam und zufrieden mit dem klein=
sten Zeichen Deiner Liebe. Grüße August und
sag' ihm, ich brächte aus den Alpen viel Neues
für ihn mit.

Verzeih', daß ich in meinem letzten Briefe vom

Schlosse. — nicht des „Freund Pietsch" gedacht. Liebkos' ihn an meiner Statt, und ermahn' ich, Herrchen's Reiserock zu schonen, wenn ich nach Hause komme. Auch Moritz, den Schnurrer und Knurrer, streichel' ich in Gedanken.

Lebewohl seiner geliebten Hausfrau vom
                                getreuen Hausherrn K.

N.=S. — Frauenart ist es, Nachschriften zu lieben, Männerart ist's nicht, oder doch nur selten, weil der Mann folgerechter denkt und darum nicht leicht etwas vergißt, wenn er die Feder über's Papier führt. Ich muß einmal eine Aus= nahme machen. Wer treibt mich dazu? Ein weib= lich Wesen!

Indem ich diesen Brief verschließen will, tritt Fräulein Mathilde zu mir ein. Sie sieht, was ich vorhabe. „Oh, noch nicht," sagt sie, und Thränen stehen ihr in den Augen. Ich frage und forsche, weshalb, warum weinen? „Ich habe an Ihre Frau Gemahlin geschrieben, und das hat mich so wehmüthig gestimmt." — „Warum denn wehmüthig, liebes Fräulein?" — „Ich weiß es nicht; nicht wahr, Ihre Frau Gemahlin ist doch gut und lieb, sie wird mir nicht zürnen!" Und damit holt sie ein Briefchen aus dem Versteck ihres jungfräulichen Busens und giebt es mir. — „Geschwind, rasch, schließen Sie das Briefchen mit ein vor meinen Augen. Was haben Sie denn geschrieben?" — Als ich es ihr sage und die letzte Stelle vorlese, fragt sie, wer denn Freund Pietsch und der Moritz sei; und als ich es ihr erkläre, lächelt sie mich durch Thränen an und spricht: — „Wie gut sind Sie, auch dieser Geschöpfe in weiter Ferne zu gedenken, und wie gut muß Ihre Frau Gemahlin sein, da sie ihnen diese Pflege angedeihen läßt! — Nun aber rasch versiegelt. Ich selbst will den Brief auf die Post bringen. Der alte Andreas wird doch schon zu sehr vergeßlich; er sagt mir eben, daß er die Briefe vom 30. und 31. erst vor ein Paar Tagen abgegeben habe. Die Ihrigen haben daher wol erst heute die Nachricht von Ihrem Unfall empfangen."

Oh, über den Andreas und sein alterndes Gedächtniß!

Adieu, Herzensweib! Ewig Dein Karl.

33.

Zwei Telegramme.

1) Marie an Karl, in Rosenheim (per Station München).

Am Obulaufer, 6. August 1856.
(Abgefertigt um 12 Uhr 10 Minuten.)

Briefe vom 30. und 31., mit dem Poststempel 4. Aug., so eben erst eingegangen. Schrecklich, schrecklich! Soll ich kommen? Antworte gleich.
Marie.

2) Karl an Marie, am Obulaufer.

Rosenheim, 6. August 1856.
(Abgefertigt aus München, um 11 Uhr 30 Minuten Nachts.)

Dank, Dank für Besorgniß um mich. Es geht besser. Komm nicht. Brief, der Dich beruhigen wird, geht heute ab. Karl.

34.

Karl an Marie.

Schloß ——, in der Oberpfalz, 12. August 1856.
In früher Nachtstunde.

Mein Herzensweib!

Ich habe Rosenheim am 9. verlassen. Der Abschied von Baron Joseph von Y. und Mathilden von Z. ist mir schwer, sehr schwer geworden Konnt' es anders sein nach so viel Liebe, die ich genossen? Wir fuhren gleichzeitig ab, sie nach Süden, ich nach Norden!. Ich konnt' es nicht lassen, noch einmal zum Wagen mich hinauszulehnen. Mathilde that es auch; mit dem Tuche, unter dem sie ihre Thränen zu bergen suchte, winkte sie mir ein letztes Lebewohl zu.

Am ersten Tage bin ich bis Regensburg gefahren und am zweiten bei guter Zeit hier angekommen. Von der Tochter des Hauses schon lange angekündigt und wegen der Verzögerung meiner Ankunft in Kenntniß gesetzt, haben mir Baron Z. und seine Gemahlin eine Aufnahme zu Theil werden lassen, die Alles übertrifft, was ich erwarten durfte. Auch in diesem Schlosse fühl' ich mich wie zu Hause. Von meinem Unfalle durch Mathilde benachrichtigt, läßt mir ihre Mutter eine Weiterpflege zu Theil werden, als wär' ich ein alter Freund des Hauses, da ich sie doch erst seit vorgestern kenne. Als ich meinen Dank in etwas verwundertem Tone aussprach, hieß es: „Mathildens Freund ist auch der Eltern Freund; Mathilde hat uns so viel Schönes von Ihnen geschrieben, daß wir in der That recht begierig, ja neugierig gewesen sind, Sie von Person kennen zu lernen. Und das Kind hat sich in seiner Schilderung nicht geirrt." Ich verbeugte mich tief auf die Hand der Baronin, sie zu küssen, was hier zu Lande eben nicht Sitte ist. Die guten Menschen bringen es am Ende noch dahin, Deinen alten Eheherrn eitel zu machen. Bring' ich davon einen Strich mit nach Haus, so radir' ihn rasch aus, Marie; ich bitte Dich darum; Du verstehest Dich so Etwas auf's Radiren mit einer von Liebe geführten Hand.

Heute Nachmittag kam Baron Z. zu mir auf's Zimmer, um den eigentlichen Zweck meines Hierseins zu berühren. Mathilde, sagt' er, habe ihm geschrieben, daß ich etwas Absonderliches mitzutheilen hätte, auf Grund dessen es ihr Wunsch sei, sobald als möglich in's elterliche Haus zurückgerufen zu werden. Ich hab' ihm Alles gesagt, was ich weiß. Aber wie schonend ich auch für meinen Vortrag die Ausdrücke zu wählen und in welches milde Licht ich die Burgfrau Agnes von H. zu stellen suchte, doch erfaßte, ich kann sagen, ein grausiges Entsetzen den kräftigen Mann, daß er wie am ganzen Leibe zu erzittern schien.

„Ja, sagte er endlich, nachdem er wieder zu sich gekommen war, ich kenne sie: wie mild und nachgiebig ihre Eigenschaften im Stande der Jung=

frauschaft waren und wie angenehm und hülfreich sie damals auf alle Andere in ihrer Nähe wirkte, so nachtheilig zeigte sich ihr Wesen bald nach der Verheirathung mit ihrem Vetter Gustav von Y. Sittsamkeit und Züchtigkeit im äußern Benehmen, was einem jungen Ehepaar, besonders dem weiblichen Theil, so viel Reiz gewährt, ging unter dem Einfluß ihres zwar geistvollen, aber äußerst frivolen Mannes bald verloren, während dieser sie auch gewöhnte, ihren eigenen Werth und seine Wirkungen allzu wohlgefällig zu betrachten, worin sie nicht nur von Anderen immerfort anerkannt sein wollte, sondern auch ihre Selbstzufriedenheit auf alle Weise aussprach. So gerieth sie allmälig auf den Gipfel der Eitelkeit, von dem sie herabstürzte, als Baron Gustav so plötzlich um's Leben gekommen war. Nun verfiel sie in das entgegengesetzte Extrem jammernden Leids und weichlicher Demuth, aus der man sie durch die Tröstungen der Religion gehoben glaubte! Aber welch' gräßliches Licht werfen Sie nun auf diese Erhebung! Das sind die Folgen der Kunstbildung, wie Baron Gustav, und wie es schien in ganz ernsthafter Meinung, den Cultus des Fleisches nannte, dem er mit seiner jungen Frau im Uebermaße huldigte, und dem er im Schlosse —— Tempel mit Bilder- und Skulpturenschmuck gewidmet, wie sie möglicher Weise nur in Paris in den wollüstigst verzierten Boudoirs barmherziger Schwestern von der raffinirtesten Sorte gefunden werden. Gustav war ein schöner Mann von kräftigster Gestalt. Er hat die junge Frau in die Mysterien des geschlechtlichen Lebens eingeführt und sie ist seine gelehrige Schülerin geworden. Daß sie in ihrer vierjährigen Ehe kein Kind geboren, ist sehr wahrscheinlich auch einer der Kunstgriffe, die Gustav, auf der hohen Schule in Paris erzogen, angewendet hat, um die Freuden des ehelichen Genusses und der Wollust nicht zu beeinträchtigen. Daß ein junges Weib von der lebhaften Empfindung, wie die Burgfrau Agnes ist, trostlos gewesen, als sie so frühzeitig Wittwe geworden, ist leicht zu erklären; nicht minder auch, daß sie, von den trügerischen Tröstungen eines eben so geistvollen als schlauen Dieners der Kirche verblendet, diesem zuletzt in die Arme gefallen ist, was in der äußern Erscheinung des Priesters, der in Gestalt und Kräftigkeit mit dem verstorbenen Gatten Aehnlichkeit hat, wesentliche Erleichterung gefunden. Schändlich aber ist der Plan, mit dem man im Hintergrunde lauert; der darf nicht zur Ausführung kommen, er soll es nicht! Ich sehe ganz ab von dem großen

Interesse, welches ich für mich und meine Kinder an der Sache habe, denn die Güter der Baronin von P. fallen, wie Sie richtig bemerkt haben, an meine Familie, stirbt sie ohne rechtmäßige Nachkommen auch aus anderm Mannsstamme; davon seh' ich ganz ab und habe nur die Rettung der Seele der Unglücklichen vor Augen, und dazu scheint der Baron von A., von dem Sie sprechen, und den ich auch oberflächlich kenne, allerdings ein Anker zu sein, welcher der Berücksichtigung nicht unwerth sein dürfte. Agnesens baldige Verheirathung mit diesem jungen Manne muß eifrig betrieben werden. Was aber meine Tochter Mathilde betrifft, so darf dieselbe nicht länger in einem Hause bleiben, das einst der Wohnsitz sittlichedler Menschen war, und jetzt durch einen Verkündiger von Gottes Wort, schrecklich ist die Thatsache, zu einem Schmutzpfuhl der Sünde und gemeinster Sinnenlust erniedrigt worden ist. Ich werde mit meiner Frau sprechen, um einen Vorwand ausfindig zu machen, der zur Rückberufung Mathildens den Grund abgeben könne, ohne die Burgfrau von P. und den Baron Joseph zu verletzen. Der Frauen Scharfsinn sieht in derlei Sachen weiter und deutlicher als wir Männer. Ich lade Sie zu einer gemeinschaftlichen Rücksprache ein, muß mir aber die Bestimmung der Zeit unserer Conferenz noch vorbehalten. Finden Sie Vergnügen daran, unsere hübsche Berggegend zu besehen, so werd' ich Ihnen meinen Jäger zum Führer schicken; er ist ein gewandter junger Bursch, der allerhand schnurrige Geschichten zu erzählen weiß. Bis zum Abendessen können Sie machen, was Sie wollen, um acht Uhr aber müssen Sie schon so freundlich sein, sich der Hausordnung zu fügen."

So schloß diese Unterredung über eine Angelegenheit, von der mir mein liebes Weib gesagt hat: sie sei nicht meines Amts, und ich solle meinen Vorwitz lassen! Doch bin ich diesem Rath zuwider vorwitzig gewesen, und, wie ich glaube, mit einer gewissen Berechtigung.

Das Schloß, in welchem ich jetzt weile, liegt im Thale der —, einem der kürzeren Thäler, die am Schlußrücken des Böhmerwaldgebirgs ihren Ursprung nehmen und gegen das Nabthal auslaufen, dessen, vom Fichtelgebirge herabkommender Fluß oberhalb Stadtamhof in die Donau fließt. Auf der Ostseite ist der Bergzug des Böhmerwaldes, der in dieser Parallele, etwa 49½° nördl. Breite, keine hervorragenden Punkte darbietet, sondern wie der gegen Süden liegende Bergzug des baierischen Waldes zwischen den Regenflüssen und der Donau, ein einförmiges Profil zeigt, das nur an einer Stelle tiefer eingeschnitten ist. Diese Stelle ist der Paß von Klentsch, durch den die böhmische Hauptstraße nach der Oberpfalz führt. Sie kommt von Prag, zunächst von Pilsen, und geht nach Regensburg. Die höheren Berge des Böhmerwaldes, wie die Arbergruppe, liegen gegen Südosten, sind aber von hier aus, wegen vorliegender Massen, nicht sichtbar. Landschaftliche Reize und Abwechselungen hat, bei der Einförmigkeit der geologischen Bildung, die hier fast durchgängig den Eruptivgesteinen angehört, die Gegend des —Thals nicht: die Berge verflachen sich in sanften Abdachungen, die unterm Pfluge stehen, gegen den meist breiten, wiesenreichen Thalboden, und die Kronen der Berge sind dichtbewaldet.

Des Barons Jäger führte mich über Berg und Thal. Es ist ein aufgeweckter junger Mann. Hier zu Haus, ist er seit frühester Jugend im Schlosse. Ein Paar Jahre älter als Eduard, der Sohn des Barons Z., ist er dessen Spielkamerad gewesen und hat an dem Unterricht, den derselbe mit seiner Schwester Mathilde von einem Hofmeister genossen, in den wichtigsten Fächern des Elementar=Wissens

Theil genommen. Er hat dadurch den Grund gelegt zur allgemeinen Bildung, die für sein Fach, als Verwalter der beträchtlichen Gutsforsten, auf der Forstschule zu Aschaffenburg, wohin ihn der Baron geschickt, vervollständigt worden ist. Während unserer drittehalbstündigen Wanderung konnte er mir des Lobes nicht genug über seine Herrschaft erzählen. Waise wie Friedrich — so heißt der Jäger — ist, ehrt und liebt er in dem Baron seinen zweiten Vater, in der Baronin seine zweite Mutter, und in den beiden ältesten Kindern, Eduard und Mathilde, seine Jugendgespielen. Er schwärmt für Mathilde, was mir bedenklich vorkommt, wenn das Mädchen in's elterliche Haus heimkehrt, denn Friedrich — ist ein hübscher junger Mann! Zwei jüngere Töchter im Alter von 14 und 11 Jahren haben eine Erzieherin, eine junge Dame von vielem Wissen und musikalischer Bildung. Eduard, der Sohn des Hauses, ist in München auf der Hochschule, wird aber binnen wenig Tagen in Vacanz erwartet. Friedrich schildert ihn mir als ein Ebenbild des Vaters, der sich durch Geist und Gemüth, durch Einfachheit und Biederkeit auszeichnet.

Den 14. August.

Gestern hat die Familien=Berathung statt=
gefunden, zu der ich zugezogen worden bin. Das
Elternpaar hat beschlossen, seinen Sohn Eduard
nach Schloß — — zu senden, um die Tochter Ma=
thilde unter dem Vorwande hierher abzuholen,
daß die ganze Familie während ihrer Vacanzzeit
zusammen zu sein wünsche. Baron Z. hatte heute
in dem Sinne an die Burgfrau und an Fräulein
Mathilde geschrieben und zugleich seinen Sohn
angewiesen, gleich nach dem Schluß der Vor=
lesungen nach — — zu reisen und ein Paar Tage
im dortigen Schlosse zu verweilen. Von der Ursache,
deretwegen er seine Schwester mitbringen soll, ist
ihm Nichts gesagt worden, um ihm während des
dortigen Aufenthalts seine Unbefangenheit zu
erhalten. Baron Z. hat mich eingeladen, bis
zur Ankunft seiner Kinder hier zu bleiben; ich
habe abgelehnt.

Heute ist es der fünfte Tag, daß ich hier bin,
und noch hab' ich keine Nachricht von meinem
schönen Weibe, obwol ich es in dem Rosenheimer
Briefe vom 6. l. M. bringend gebeten, mir hier=
her zu schreiben. Was bedeutet diese Verzögerung?
Du bist doch nicht krank geworden, liebe Marie?

August könnte ein Paar Zeilen schreiben. Ich würde schon längst telegraphisch angefragt haben, wie es Dir geht; allein diese Gegend liegt wie ein Eiland in einem unbefahrenen Meere außerhalb des Weltverkehrs, die nächste Telegraphenstation ist Regensburg, und bis dahin ist ein Weg von über sechszehn Stunden.

In Süddeutschland rechnet man die Entfernungen nicht, wie bei uns in Norddeutschland, nach Meilen, dem wirklichen Weitenmaß, sondern nach Zeitmaß, der Anzahl Stunden, die auf Zurücklegung der Weiten zu verwenden sind, nach Stunden Weges. In Westfalen und am Rhein war es in früheren Zeiten eben so, und in Holland die Uure gaans (Stunde Gehens) die gesetzliche Einheit für das Wegemaß, bis die Regierung des modernen Königreichs der Niederlande die nederlandsche Mijl (niederländische Meile) schuf, gegen die sich im Ganzen genommen nicht viel sagen läßt, hätte man dabei nur nicht das metrische System der Franzosen zu Grunde gelegt, welches dem germanischen Sinn zuwider ist, besonders meinem deutschen Einzelsinn, der sich von jenseit des Vogesenwalls her Nichts aufbürden lassen will. Aber auch abgesehen von diesem Gefühl des Widerwillens, das ich ein deutsch=patriotisches zu nennen liebe, von anderen

Leuten aber ein engherziges und antikosmopolitisches genannt wird, — sie meinen, gerade ich müsse doch ein Kosmopolit vom reinsten Wasser sein, da ich von allen Völkern der Erde zu erzählen wisse, — halt' ich das metrische System der Franzosen, wissenschaftlich angesehen, für ein verfehltes Unternehmen, weil die Maßeinheit des Mètre der zehnmillionste Theil des Erdmeridians-Quadranten nur dann ist, wenn die Abplattung $1/334$ beträgt, was anderweite Messungen und Beobachtungen nicht bestätigt haben. Wie das zu verstehen sei, wird Dir, mein liebes Weib, August, Dein „Herr Stiefsohn" erklären, wenn Du sonst an all' diesem abstracten Gelehrtenkram Interesse nimmst. Raum und Zeit stehen einander gegenüber, und dennoch bilden beide Begriffe ein Zusammengehöriges, das in den allermeisten Fällen in seine zwei Theile zerlegt, und als Selbständiges kaum gedacht werden kann. Ist es auch am Natürlichsten, die Einheit des Längen=, insonderheit des Wegemaßes, vom Erdraume selber zu entnehmen, so knüpft sich daran doch sogleich und ganz unwillkürlich der Gedanke, wie viel Zeit bedarf man, um diesen Raum der Wegemaßeinheit zurückzulegen? Und weil sich diese räumliche Maßeinheit nur auf die horizontale Fläche bezieht und die

Erhöhungen und Vertiefungen der Erdoberfläche unberücksichtigt läßt, diese aber denn doch bei Zurücklegung gegebener Weiten mit in's Gewicht fallen so scheint es mir, daß man zunächst in den Berggegenden Deutschlands auf den Gedanken gekommen ist, das Zeitmaß an die Stelle des Raummaßes zu setzen. Seit zwanzig Jahren hat ersteres den Anfang gemacht, letzteres überall zu verdrängen. Wer fragt heut' zu Tage noch: Wie viel Meilen sind von Berlin nach Paris? Niemand wirft diese Frage auf. Jedermann fragt: Wie viel Zeit brauch' ich zu dieser Reise, sei es über Cöln, sei es über Frankfurt a. M.? Und giebt man ihm zur Antwort: Ueber Cöln bist Du in 26½ Stunden, und über Frankfurt in 34¼ Stunden in Paris, so schmält er auf die Eisenbahnen und ihre Verwaltungen, daß sie so langsam fahren lassen!

Verzeihe, geliebtes Weib, daß ich Dich mit Dingen langweile, die Deinem umfassenden Gesichtskreise zwar nicht fremd sind, doch aber zu fern liegen, um Deine Theilnahme im Besondern zu beanspruchen. Ich meine, der Mensch könne seinem Wissen keine Schranken, und dem Drange, es zu erweitern, kein Ziel setzen. Dabei kommt es mir vor, daß der Wissende das Zwiefache der Anderen wiſſe, der Unwiſſende dagegen nicht ein Atom erblicke, wenn er auch glaubt, Alles deutlich und klar zu ſehen. So iſt Wiſſen und Wiſſenſchaft etwas Achtungswerthes, achtungs= werther aber iſt die — Tugend! Mir geht ein tugendhafter Menſch über den Geiſtbegabteſten, über den Wiſſenſchaftlich=Gebildetſten, und un= würdig iſt Der für Recht und Wahrheit zu kämpfen, der noch mehr lieben kann, als Recht und Wahrheit! Gewiß iſt es ein großer Vortheil, unterrichtet ſein und Kenntniſſe beſitzen, allein dieſer Vortheil ſchlägt zu unſerm Nachtheile aus, wenn wir ſchwach genug ſind, uns von ihm Hochmuth einflößen zu laſſen.

Die Folgen meines Felſenſturzes ſind auch heute noch nicht beſeitigt. Das Ohrenſauſen hat zwar bedeutend nachgelaſſen, dagegen hat ſich ein Druck im Hinterkopfe eingeſtellt, der zuweilen unleidlich wird. Dies periodiſche Uebel ſoll mich jedoch nicht abhalten, eine Fußwanderung durch den nördlichen Theil des fränkiſchen Jura zu machen, desjenigen Bergzuges, dem als geographiſchem Begriff zuerſt vor nunmehr faſt dreißig Jahren ein Name gegeben wurde, welcher aus der geo= logiſchen Beſchaffenheit entlehnt iſt. Dieſer Name iſt allgemein anerkannt worden und heut zu Tage in geographiſchen Schriften und auf Landkarten so gänge und gäbe, wie der Name des Schwarzwaldes, des Harzes u. s. w. Wer der Urheber dieses Namens gewesen, ist längst vergessen, oder eigentlich damals schon von Leuten der Wissenschaft, sogar von einem Leopold von Buch nicht erkannt worden. Dieser größte Geolog unsers Zeitalters schrieb, in seiner berühmten Abhandlung über den Jura, die Urheberschaft des Namens des Deutschen und Fränkischen Jura einem jungen Menschen, Namens Johann Grimm, zu, der damals eine schlechte Gebirgskarte von Deutschland in kleinem Format zeichnete, welche Freund Tuch, den Du, liebes Weib, als Verwalter der Schroppschen Landkartenhandlung in Berlin noch gekannt hast, durch den Kupferstich vervielfältigen ließ. Auf dieser kleinen Karte fand L. von Buch den Namen fränkischer Jura, wiewohl er lange vorher von Adolf Stieler auf dessen großer Karte von Deutschland, nach Angaben des Namen-Urhebers, angebracht worden war. Auch hätte L. von Buch nur das Barometer-Nivellement des Frankenjura ansehen dürfen, welches, irr' ich nicht, 1831 erschienen, um sich zu vergewissern, wer denn eigentlich zuerst auf den Gedanken gekommen, dem bis dahin namenlosen Bergzuge einen geographischen Namen beizulegen. Das that er indeß nicht, wol aber spendete er dem Johann Grimm ein ungemessenes, völlig unverdientes Lob.

Den nördlichen Theil des Frankenjura will ich also, wie gesagt, etwas näher und im Einzelnen kennen lernen. Baron Z. läßt mich nach Amberg fahren, von ba an aber geht es zu Fuß weiter, zunächst nach dem Pegnitzthale und in demselben aufwärts bis zu dem Städtchen Pegnitz, und darauf in's Wiesenthal und zu seinen berühmten Höhlen, die ich im Besondern noch niemals gesehen. Da giebt's wahrscheinlich auch Gefahren zu bestehen; denn jedes Gebirg, mag es hoch oder niedrig sein, bietet deren an und auf seinen nackten Felsenhängen, an denen gerade das Wiesenthal so reich ist. Ich werde aber im Frankenjura vorsichtiger sein, als am Alpenhang bei Rosenheim. Bei Forchheim gedenk' ich die Eisenbahn zu erreichen, auf der ich nach Bamberg fahre, da einen Rasttag zu machen, was, so Gott will, am 20. d. M. geschehen soll.

Ich habe den Baron Z. gebeten, Briefe, die nach meiner Abreise für mich ankommen sollten, nach Bamberg zu schicken. Möchte doch darunter der so längst von Dir erwartete sein!

In unwandelbarer Liebe

Dein treuer Karl.

35.

Marie an Karl.

Am Montag Morgen.

Mein geliebter Freund!

Zum Ersten — hab' ich Dir und mir Glück zu wünschen, daß der Unfall, den Du Dir durch Unvorsichtigkeit zugezogen, keine nachtheiligen Folgen für Deine Gesundheit haben wird; mindestens schmeichle ich mir mit dieser Hoffnung auf Grund der Nachrichten, die Du mir über Deinen Zustand in dem Rosenheimer Briefe vom 6. August mitgetheilt hast. Um was ich Dich beschwöre, ist: schone Dich, mein theurer Karl! Deine Kühnheit im Bergsteigen gränzt an Tollkühnheit, die wol an der Jugend gelobt, am Alter aber getadelt wird. Und mit Recht! Weil Dich Gott mit einer so festen Constitution ausgestattet hat, die Dich befähigt, körperlichen Anstrengungen auch heute noch die Stirn zu bieten, so vergissest Du nur zu oft, daß Deine Tage mehr als zur Hälfte abgelaufen sind, was sich im Jahre 1856 nach Chr. Geb. doch von einem jeden Menschen sagen läßt, der noch im 18. Jahrhundert das Licht der Welt erblickt hat. Gern will ich Dich noch länger entbehren, wenn die Rast an Einem Orte Deinem Zustande wohlthätiger ist, als das Reisen; denn ich fühle große Sorge wegen des Ohrensausens und der Kopfstiche, davon Du schreibst; und Ruhe und Pflege findest Du sehr wahrscheinlich in dem Schlosse des Barons Z., wohin ich diese Zeilen, Deiner Anordnung gemäß, adressire. Ich schließe meine Muthmaßung zu einem Theil, — der freilich ein sehr kleiner ist, — aus der liebevollen Pflege, welche Dir in Rosenheim von der Tochter dieses Hauses zu Theil geworden. Pflegt man doch zu sagen: Der Apfel fällt nicht weit vom Stamme; und wie die Tochter gegen Dich handelte, so werden auch die Eltern Dich in Pflege nehmen, wenn Du ihrer noch bedürfen solltest. Die Sorge aber, die Dir Fräulein Mathilde von Z. gewidmet hat, und deretwegen ich ihr für mein Leben dankbar verpflichtet bin, hat ihren Ursprung zum allergrößten Theil, wenn nicht ausschließlich, im individuellen Gefühl dieses jungen Mädchens; und das ist —

Der zweite Punkt — den ich zu berühren habe. Was ich sagen will, wird Dir aus dem zweiten Briefe klar werden, den das Fräulein von Rosenheim aus an mich geschrieben hat. Ich lege ihn bei. Ich bin es von Deiner Liebe zu mir überzeugt, daß Du, wenn Du diesen Brief gelesen hast, eben so erstaunt sein wirst, als ich es gewesen bin. Auch hab' ich die Ueberzeugung, daß mein treuer Karl willkürlich nicht den geringsten Anlaß gegeben hat, um dem Herzen eines jungen Mädchens ein Gefühl einzuflößen, das nicht erwidert werden kann, ein Gefühl, welches mit so großer Leidenschaftlichkeit sich kundgiebt, daß mir für die Verstandeskräfte der Armen bange wird. Es kann nur unwillkürlich geschehen sein, durch den Eindruck, welchen Deine Persönlichkeit und Dein ganzes Wesen auf dieses junge Herz gemacht hat. Dein Wille, lieber Karl, ist durchaus unthätig gewesen, daran zweifle ich nicht einen Augenblick. Und stolz könnte mich der Gedanke machen, einen Mann mein zu nennen, der trotz seiner vorgerückten Jahre dennoch im Stande ist, Anderen und noch dazu Jüngeren meines Geschlechts eine so heftige Leidenschaft einzuflößen, wie sie bei dieser Mathilde durchbricht, wäre der Fall nicht beklagenswerth und ließe Besorgnisse wegen wirklicher Geistesstörung aufkommen, die wahrlich nicht außerhalb der Möglichkeit liegt, da die, wie es scheint, erste Regung dieses Herzens ohne Befriedigung bleibt. Sollte der verderbliche Umgang mit der Agnes von Y. seinen Einfluß geübt haben?

Wir sprechen über den ganzen Vorfall des Weitern, wenn Du wieder bei mir bist, und überlegen, was in der Sache zu thun sein werde, ob ich der Mathilde antworten, ob ich sie zu uns einladen solle?

Mein theurer Karl! Du siehst, ich betrachte und bespreche eine Angelegenheit, die andere Eheweiber in Feuer und Flammen setzen würde, mit der größten Ruhe und nur mit dem — Kopfe, da Du meines Herzens sicher bist und ich des Deinigen, das ich von aller Schuld im Voraus freispreche. Entschuldige Dich daher nicht, sei vielmehr des Sprüchworts eingedenk: Qui s'excuse, s'accuse! Mathilde, das „liebliche Kind," (!) macht, ich seh' es ein, eine bittere Erfahrung; sie erlebt eine Widerwärtigkeit, die aber, weit entfernt, ein Uebel zu sein, ein Heilmittel, ein Gegengift ihres Wohlergehens sein wird.

Kommst Du, mein geliebter Mann, auf der Anhalt'schen Eisenbahn zurück, so wünsch' ich, Dich auf der Station — abzuholen. Sei so gütig, mir den Tag Deiner Hierherreise zu melden, so wie den Eisenbahnzug, auf dem Du sein wirst, damit ich Dich ja nicht verfehle oder in — zu lange warten dürfe.

In treuer Liebe   Deine Marie.

36.
Karl an Marie.
Bamberg, 20. August 1856.

Theures, geliebtes Weib!

Endlich hab' ich Nachrichten von Dir, aber welche? Ich bin nicht erstaunt, nein, ich bin entsetzt über Das, was ich gelesen habe. Du hast recht, ich bin durch willkürliche Handlungen an dieser Verirrung eines weiblichen Herzens, die ganz widernatürlich ist, so unschuldig, wie ein neugebornes Kind. Wenn Einem Etwas nicht gleich begreiflich ist, so pflegt man zu sagen: Es steht mir der Verstand still! Das darf ich in diesem Falle des Fräuleins Mathilde von Z. — von mir sagen; denn ich kann es nicht begreifen, wie ein junges Mädchen, wie Mathilde ist, zu einem alten Manne eine Neigung fassen konnte, die nach Ausweis ihres Briefes kaum leidenschaftlicher, heftiger und glühender hervortreten kann. Alles, was gegen den regelmäßigen und natürlichen Verlauf der Dinge und gegen die Gesetze verstößt, denen sie unwandelbar unterworfen sind, ist Abirrung, die in um so höhere Potenzen gehoben wird, je größer die Verstöße sind, die gegen die Natur begangen werden. In dieser Lage befindet sich, wie es mir scheint,

Mathilde von Z.—. Hat sie durch Selbstbestimmung mit Bewußtsein sich dieser Verirrung schuldig gemacht? Ich glaube kaum! Denn nicht uns steht es zu, an die ewigen Lebensregeln des sittlichen Verhaltens zu denken; ihnen gebührt es, uns zu leiten, ohne daß wir an sie denken! Woher stammt uns aber die Denkkraft, die Fähigkeit des Denkens? Einer von Deinen Lieblingen unter den französischen Schriftstellern, Voltaire nämlich, hat niemals so wahr gesprochen, als da er, in seinen Fragen über die Encyclopädie (die in den neueren Ausgaben dieses Schriftstellers mit dem philosophischen Wörterbuch verschmolzen sind), bei dem Worte „Idee" gesagt, daß der Gedanke nicht uns angehöre. Die Idee, sagt er, ist ein Bild, welches sich in meinem Gehirn abbildet. Und wer ist der Maler, der dieses Bild bewirkt? Ich bin es nicht; ich bin nicht geschickt genug im Zeichnen; derjenige, der mich geschaffen hat, macht meine Ideen. Und woher weiß man, daß man nicht selbst seine Ideen macht? Weil sie uns sehr oft wider Willen im Wachen, und immer ohne unsern Willen im Schlafe kommen, wenn wir träumen. Mallebranche hätte also recht, wenn er sagt, daß wir Alles in Gott sehen? Wenigstens bin ich überzeugt, daß, wenn wir auch nicht alle

Dinge in dem großen Wesen sehen, wir sie doch durch dessen mächtige und gegenwärtige Wirksamkeit sehen! Weil wir gezwungen sind, in Gott den Urheber unserer Empfindungen, unserer Gefühle und Gedanken zu erkennen, wir aber auch zugleich in Gott die Vollendung alles Guten, Schönen, Weisen, aller Macht und Gewalt verehren und anbeten, so sind wir genöthigt, verschiedene Ordnungen der Dinge anzunehmen, weil Erscheinungen in die Welt treten, die mit den Eigenschaften des großen Wesens unvereinbar sind. In der höhern Ordnung sind Gesetz und Handeln immer eins, weil in ihr das Gesetz unaufhörlich von dem Gedanken, und das Handeln unaufhörlich von dem Gesetze ausgeht. In dieser Ordnung ist Concentration, in der niedern Ordnung der Dinge Divergenz der Kräfte, Wettlauf von Gesetz und Handeln, auf dem bald Abstoßen, bald Anziehung stattfindet, weil der Gedanke noch nicht zu derjenigen Entwickelung des Gleichgewichts gelangt ist, die in den physischen Erscheinungen vom Parallelogramm der Kräfte dargestellt wird. In dieser niedern Ordnung ist die Seele eine Arena, auf der das Göttliche mit dem Menschlichen einen Kampf führt, der um so hartnäckiger ist, und seinem Ausgange nach um so zweifelhafter wird, je schwächer der Gedanke ist, welcher der Seele vom großen Wesen ursprünglich eingepflanzt wurde. Ihm nachzuhelfen und zu einer höhern Entwickelung zu bringen, ist die Aufgabe der Erziehung. Eine Aufgabe von ungeheurer Bedeutung, von unermeßlichem Umfange! Wer soll sie lösen? Diejenigen etwa, die wir gewöhnlich Erzieher nennen? Oh, wie wenige sind darunter, die erziehen können, und Sand am Meere sind die, welche nicht erziehen können, weil sie selber der Erziehung bedürfen. Der beste Erzieher ist das Selbstdenken, dazu Anleitung zu geben sei das Amt des gewöhnlichen Erziehers. Ich zweifle keinen Augenblick, daß für den concreten Fall des Fräuleins Mathilde v. Z.—, deren Eltern es nicht versäumt haben, die Tochter an's Selbstdenken zu gewöhnen, denn der Vater sowol als die Mutter sind, so weit ich sie kennen gelernt habe, klarblickende Menschen von tief religiösem Gefühl, das, außer der natürlichen Fortpflanzung oder Vererbung, auch in der Tochter Herz von ihnen ausgebildet und veredelt sein wird. Weil nun aber das junge Mädchen von der naturgemäßen Bahn des Denkens und Empfindens abgewichen ist, so magst Du, liebe Marie, wol nicht unrecht haben mit der Frage, ob der Umgang mit der Burgfrau Agnes von Y.— auf diese Abirrung seinen verderblichen Einfluß geübt habe? Ich glaube nicht anstehen zu dürfen, Deine Frage zu bejahen. Aus meinen im Schlosse — — geschriebenen Denkblättern — die nicht das Glück gehabt, Deinen Beifall ganz zu erhaschen — wirst Du entnommen haben, daß dieses ursprünglich hellbenkende Weib unter der Einwirkung ihres verstorbenen Gatten, und des, an dessen Stelle getretenen Burgpfaffen in eine Bahn philosophischer Betrachtung geschleudert worden ist, auf dem die Huldigung des Schönen mißbraucht, und jedem sittlichen Gefühl Hohn sprechend, mit dem Sinnlich=Aesthetischen ein Spiel voll Lüsternheit getrieben wird, was, indem es alles Maß und Ziel menschlicher Empfindungen überschreitet, Entsetzen erregt. In dem mißbräuchlichen Cultus des Schönen, dem die Burgfrau von Y.— zum Opfer gefallen, ist das Vermögen zur Unterscheidung des Guten vom Bösen völlig untergegangen; ihrer Seele ist der zusammengehörige Begriff der Worte Huldigung und Religion, welche zwar in der That nicht ganz eins und dasselbe sind, total abhanden gekommen, wenn sie nicht für ersteres Wort das bedeutsamere hommage setzt, mit bestimmter Hinweisung auf das Stammwort homme, also in dem Sinne, daß die Huldigung des Menschen eine Darbringung seiner selbst ist, vielleicht nicht an den allmächtigen Gott und Schöpfer der Natur, sondern an sein selbsteigenes Ich und an sein Mitgeschöpf. In diesem Wirrsal subjectiver Vorstellungen vom Schönen, in denen blos sinnliche Empfindung die Herrschaft übt, ist die Burgfrau von Y. einer großen Wahrheit uneingedenk geworden, die ein, von ihr sonst sehr verehrter Schriftsteller ausgesprochen hat; ich meine Jean Jacques, der irgendwo sagt: La philosophie ne peut faire aucun bien que la religion ne fasse encore mieux, et la religion en fait beaucoup que la philosophie ne saurait faire. Was in der traurigen Herzenssache des Fräuleins Mathilde von Z. — unserer Seits werde zu thun sein, das wollen wir zu Hause in reifliche Ueberlegung nehmen.

Ich habe Dir noch nicht gesagt, meine geliebte Marie, daß ich wohlbehalten hier angekommen bin. Die Fußwanderung durch den Frankenjura, die ich, mit wenigen Abweichungen, so ausgeführt habe, wie mein Schreiben vom 14. d. M. gemeldet, war zwar etwas anstrengend, aber in geologischer Beziehung belehrend und genußreich. Ich bringe viele interessante Versteinerungen mit, an denen August seine Freude haben wird. Der größte Genuß aber war Dein Brief, den Baron von Z.— hierher gesendet hat, nicht ahnend, was er im zweiten Theile enthält, der ihn so nahe angeht. Und dieser Theil hat auch mir den Genuß getrübt! Ach, das glücklichste Leben hat nicht so viel Freuden, als es Schmerzen und Leiden hat.

Bamberg, das ich seit dem Jahre 1828 nicht sah, hat sich in der Zwischenzeit wesentlich verändert, nicht die innere Bischofsstadt, sondern die äußere auf dem rechten Ufer der Regnitz, wo die frühere Vorstadt seit Erbauung der Eisenbahn zur eigentlichen Verkehrsstadt für Handel und Gewerbe sich auszubilden anfängt. Der hiesige Bahnhof ist eine der großartigsten Anlagen, die ich in Deutschland kenne, und alle seine Gebäude sind mit so großer Solidität aufgeführt, als sollten sie ein Jahrtausend — Dienste thun. Werden sie vielleicht überflüssig geworden sein, da man schreiben wird 1956 nach Christi Geburt? Wer will sagen: Nein, wer Ja! Bei den unermeßlichen Fortschritten, die der Menschengeist seit dem zuletzt verflossenen Jahrhundert und besonders seit funfzig Jahren in der Erkennung der Naturkörper und der in der Natur wirkenden Kräfte gemacht hat, läßt sich die Möglichkeit denken, daß nach hundert Jahren Reibung und Dampf veraltete und zur Rüste gelegte Dinge, und unter der Menge geheimnißvoller Kräfte in der Natur andere Kräfte zur Ergänzung von Bewegung an ihre Stelle getreten seien, von denen wir jetzt nichts ahnen, geschweige denn sie erkennen können. Tellurische und kosmische Einflüsse und Beziehungen sind vor unserm erkennenden Auge entfaltet worden, die für Fabel, ja für einen Ausfluß des Gottseibeiuns galten; und doch sehen wir jetzt, daß Alles auf natürlichem Wege zugeht und von Wundern gar nicht die Rede ist, und es ganz an der Stelle sein würde, dieses Wort aus dem Wörterbuche aller Sprachen zu streichen, weil der Begriff, den es bisher ausdrückte, nicht vorhanden ist, und darum aus dem Bewußtsein der Menschen verschwinden muß. Ist erst die Mainbahn und eben so die Werrabahn vollendet, so wird Bamberg durch die Verknüpfung von Leipzig, Frankfurt, Cassel für den nördlichen Theil des Königreichs Baiern einen eben so wichtigen Knotenpunkt der Verkehrswege bilden, als Augsburg im südlichen Theile des Landes. Dabei ist es beachtungswerth, daß keiner dieser Punkte altbaierischem Grund und Boden angehört. Liegt darin ein tieferer Sinn, der vielleicht in dem Volkscharakter der Franken, Schwaben und Baiern begründet ist, in der Verschie=

denheit ihrer Lebensanschauungen und wirthschaftlichen Thätigkeiten? Geographische Lage und Bodenplastik sind dabei Factoren, die allerdings auch in Betracht kommen.

Ich werde nicht auf der Anhalt'schen Eisenbahn fahren. Der Weg von — — nach Haus mittelst Pferdekraft ist doch gar zu langweilig, nur ein Mal unterbrochen durch landschaftlich Schönes in der Hügellandschaft von — — und ihrem prachtvollen Wasserspiegel. Verläßt man die Schienenstraße und kommt an einen der märkischen Sandwege, davon der von — — bis zur großen Steinstraße in der jetzigen trockenen Jahreszeit zu den ermüdendsten vor Langsamkeit der Bewegung gehört, so kommt es mir mit Bezug auf Zeit und ihre Verschwendung vor, als sei die Rotation der Erde zu ihrer Revolution geworden. Ich fahre morgen in einem Zuge nach Halle, bleibe übermorgen da, einige Freunde und das liebliche Wittekindsbad zu besuchen, und bin am 23. d., kurz vor zehn Uhr Vormittags, in Magdeburg, wo ich wünsche, unter dem gastfreundlichen, Dir wohlbekannten Dache des Erzherzogs Stephan, bei Nobrahn, meinem geliebten Weibe an die Brust zu sinken und August zu umarmen.' Ich schlage vor, Abends vorher mit dem Kölner

Courierzuge von Haus zu fahren und in Magde=
burg zu übernachten. Schicke zur Zeit der An=
kunft des Leipziger Zuges unsern Sohn auf den
Bahnhof, Du aber bleibe im Erzherzog, damit
die Freude des Wiedersehens in ihrem ganzen
Maße des Entzückens unter uns gefeiert werden
könne.

In treuester Liebe
Dein alter Anbeter
Karl.

Briefe aus dem Jahre 1859.

37.

Karl an seinen Sohn August.

Brixlegg, Unterinnthal, 1. Nov. 1859.
Nachts.

Lieber August!

Heute Vormittag um 10 Uhr trat Freund M.
zu mir in das Zimmer des Castells vom Baieri=
schen Hofe, welches ich seit sechs Wochen bewohne.
Mit der Frage: „Willst Du mit nach Innsbruck?"
warf er sich in's Canapee. Einige Tage vorher
war schon zwischen uns die Rede gewesen von

einem Ausfluge in die Berge; allein weil es beständig regnete, blieb die Absicht, noch mehr die Ausführung im Ungewissen. „Siehe," sagte der liebenswürdige Freund, „weil heute früh die Sonne so hell und freundlich mir in die Fenster schien, bin ich die Schwanthaler Straße hinabgewandert nach der Theresienwiese und der Bavaria, zu schauen, ob die Berge auch ihren Regen= und Wolkenmantel abgelegt haben, wie das Himmelsgewölbe, das sich über unsern Häuptern ausspannt. Und wahrhaftig, sie recken ihre mächtigen Glieder tiefblau in die Lüfte, und ihre scharfen Kantenenden mit den zahllosen Gipfeln und Wipfeln sind weiß, wie mit Kalk angestrichen, daß es eine Lust für Dich sein wird, sie auch in diesem Kleide von grün=grau=weißlicher Schattirung in der Nähe zu betrachten. Also mach' Dich fertig, Freund; in zwei Stunden geht der nächste Bahnzug ab." Und ohne meine Antwort abzuwarten, stürmte er wieder davon.

Was thun? Bleiben oder gehen? That is the question! Ich entschied mich zum Gehen aus drei Rücksichten: einmal, um den Freund nicht zu verletzen, der mich innerhalb der sechs Wochen, die ich in München verweile, mit Gefälligkeiten aller Art in der liebenswürdigsten Weise überhäuft, und mit seiner Aufforderung, die Fahrt nach Innsbruck mitzumachen, nur den besten Sinn verbindet; das andere Mal aus selbstsüchtiger Absicht, nämlich das Innthal von Tirol durch eigene Anschauung kennen zu lernen; und endlich drittens, um einer Einladung des bei Innsbruck angesessenen Barons von A.— Folge zu geben, der während des Octoberfestes in München war und mich bringend aufforderte, ihn noch in diesem Herbste auf seinem Schlosse zu besuchen. Von zwei Pfarrern im Unterinnthale, die ebenfalls zum Octoberfeste aus ihrem Hochlande nach München gekommen waren, hatte ich eine gleiche Einladung empfangen.

Mit Schreiben an meinem Tagebuche beschäftigt, als Freund M. eintrat, ordnete ich nun rasch umherliegende Papiere, suchte meine kleinen Reiseutensilien zusammen und kleidete mich an, zum ersten Mal ein Leibjäckchen anziehend, dessen ich bei der milden Herbsttemperatur bisher nicht bedurft hatte, nun aber mit der Aussicht auf kühle und kalte Alpenlüfte für eine nothwendige Vorsichtsmaßregel erachten mußte. Auf Erhaltung der Gesundheit bedacht sein halt' ich für eine weise Lebensregel, für eine Tugend; denn wer will es leugnen, daß die Gesundheit allen Glücksgütern vorzuziehen ist! Unter diesen Vorbereitungen vergingen, wie sehr ich mich beeilte, dennoch anderthalb Stunden. Noch mußte ich in die — Hauptfestung des Baierischen Hofes, um mich von meinem freundlichen Hauswirth Ammon zu beurlauben und mir aus meiner, bei ihm deponirten Kasse Reisegeld geben zu lassen. Beides war in wenigen Minuten abgemacht und ich kurz vor 12 Uhr auf dem Bahnhofe, wo Freund M. meiner harrte, noch ungewiß, ob ich kommen werde, oder nicht. Punkt 12 Uhr setzte sich der Bahnzug in Bewegung.

Die Eisenbahn, welche in südlicher Richtung von München ausläuft, soll die Verbindung dieser Hauptstadt über Salzburg mit dem Donauthal bei Linz und in diesem abwärts mit der Kaiserstadt Wien bewirken. Auf baierischer Seite wird diese Bahn zwischen München und Rosenheim, und auf österreichischer Seite zwischen Linz und Wien befahren. Die größere Strecke zwischen Rosenheim und Linz längs des südlichen Ufers des Chiemsees über Traunstein nach Salzburg und durch das Hausruckviertel in's Traunthal ist noch im Bau begriffen, der auf österreichischer Seite, wie ich höre, sehr lässig betrieben wird, was in den obwaltenden politischen Verhältnissen, die die Kaisermonarchie zu erdrücken drohen, seine Erklärung findet. In München hört' ich vielfältig Klage darüber führen, daß der Staatsvertrag, welchen die baierische Regierung mit der kaiserlichen wegen Anlage einer Eisenbahn über oder durch die Tauernkette abgeschlossen habe, von letzterer Regierung nicht gehalten werde, oder seine Ausführung mindestens in eine blaue Ferne verschoben worden sei, wodurch München und das ganze baierische Land der Verbindung mit Triest verlustig gehe, da nach den Festsetzungen des Staatsvertrags jene Tauernbahn bei Bruck an der Mur in die große österreichische Südbahn münden soll. Rosenheim liegt bekanntlich an der Mündung des Innthals. Hier zweigt sich von der München-Salzburg-Linzer Bahn die Tyroler ab, die im Innthale aufwärts zieht und für jetzt bei Innsbruck endigt. Es liegt im Plane, diese Tyroler Bahn über den Brenner fortzuführen nach Brixen und Bozen. Ob es bald oder gar jemals dazu kommen werde, scheint mir sehr zweifelhaft, erwägt man die schon oben berührten politischen Zustände, so wie die Umstände, welche das Metallgeld zu einer kaum zu beschaffenden Handelswaare gemacht haben, und mit dem Ausbruch eines Staatsbankbruchs drohen, wie er schon einmal, im Jahre 1810, eintrat, bei dem, so erzählt man sich hier zu Lande (Tyrol) ganz frei und offen, Kaiser Franz, der Vielgeliebte (?), sein Hausvermögen um Millionen vergrößert haben soll; erwägt man endlich die Verstimmung, die sich seit den letzten zehn Jahren der Gemüther im Lande Tyrol bemeistert hat, eine Verstimmung, die, so will es mich bedenken, mehr als — Verstimmung ist!

Die Eisenbahn folgt von München aus bis Holzkirchen einer südsüdöstlichen Richtung immer auf der platten, öden, wasserlosen Hochebene, ohne landschaftlichen Charakter, nur hier und da von einem Eich= und Föhrenbusch unterbrochen, an deren Stelle weiter aufwärts Fichtenwäldchen treten. Gegen diesen Strich der Münchener Schuttebene ist die trübseligste Gegend der Niederlausitz eine romantische Landschaft zu nennen! Nur an einer Stelle ist das Plateau von einem Flußbette eingeschnitten. Dieses Flußbett ist das der Isar, das bei der zweiten Station vor München, 1¼ Meilen von dieser Hauptstadt, überschritten wird. Die Station heißt Großhessenlohe. Eine massive Brücke von mindestens 80 Fuß Höhe über dem Wasserspiegel verbindet beide Ufer, die nach meiner Schätzung wol an die 350 Schritt von einander abstehen. Es ist ein Pracht= und Riesenbauwerk, das seinem Erfinder und Ausführer die größte Ehre macht. Der Strom rauscht hörbar durch die Brückenbogen, trotzdem er wenig Wasser hat, und dieses ist abwärts von der Brücke in Verlegenheit, welcher Bahn es folgen soll; ein mächtiger Strom ist bei diesem Wasserstande die Isar nicht; bei gefülltem Bette mag es freilich anders sein! Ihre Ufer, fast senkrecht und stellenweise noch höher als 80 Fuß, bestehen von oben bis unten nur aus Schutt und Gerölle, nirgends blickt ein anstehendes Gestein hervor.

Was für die reizlose Hochebene entschädigt, das ist der Anblick der Berge, deren gewaltige Massen von Minute zu Minute in immer deutlicher und schärfer werdenden Umrissen hervortreten. Die blauen und bläulichen Lichtstrahlen, die sie in unser Auge werfen, nehmen von Stufe zu Stufe die natürliche Färbung der Gegenstände an, welche diesen eigenthümlich ist.

Bei Holzkirchen wird die Oberfläche des Plateaus, bis dahin ganz platt auf geneigter Ebene, etwas welliger. Die Bahn macht unter einem Winkel von fast 90° einen großen Bogen gegen Nordosten. Man sieht nicht, warum? Man erkennt nicht die Ursache, weshalb die Bahn bis Holzkirchen geführt wurde, um gleichsam auf sich selbst zurückzukehren. Sie berührt die alte Grafschaft Valley, wo die Trümmer eines römischen Castells. Bald darauf wendet sie sich ebenfalls unter einem rechten Winkel gegen Osten und mit sehr bedeutender Neigung vom Plateau hinab durch einen Hohlweg, den Teufelsgraben, in das Mangfallthal, dessen eben nicht beträchtliches Wasser den Abfluß bildet des Tegernsees. Das Thal ist anfangs schmal und eng, tief eingeschnitten, mit senkrechten Wänden von wol 100 Fuß bis 150 Fuß Höhe, schöne Profile zeigend, in diesen aber nur Schutt und Geröll, wie an der Isar, und deutlich zeigend, daß die baierische Hochebene von unten bis oben aus mächtigen Ablagerungsbänken besteht, deren Bestandtheile in antediluvianischer Periode in den Alpen feste anstehende Gesteinsmassen waren. Schöner, doch nicht sehr kräftiger Eich- und Buchenwald zieht sich abwärts an den Hängen des wiesenreichen Mangfallthals, in welchem Westerham die erste Station ist. Bei Bruckmühle vorbei gelangt man nach der Station Aibling, einem freundlich aussehenden Marktflecken, dessen weiß angestrichene Häuser einen angenehmen Gegensatz zum Grün der Landschaft bildet. Aibling ist das Albcaneum der Römer. Es befindet sich hier ein Landgericht und Rentamt. Die hiesige

Molkenanstalt und die Sool- und Moorbäder haben, so sagt Freund M., von Jahr zu Jahr immer mehr Gäste. Bei Bruckmühle erweitert sich das Thal, das immer morgenwärts streicht, bis es sich in dem Innthale verliert, was unmittelbar bei Rosenheim geschieht. Diese Station, welche zehn deutsche Meilen von München entfernt ist, erreichten wir in drittehalb Stunden. Der Aufenthalt war von zu kurzer Dauer, um für den Besuch meiner Wirthsleute von 1856 Zeit zu gewinnen.

Wir fuhren in das Innthal ein. Es ist an der Mündung sehr breit. Der Strom hält sich meist an der rechten Uferwand; die Bahn ist auf dem linken Ufer. Das Thal ist herrlich angebaut, zwischen Rosenheim und der Gränze von Tyrol sind bei vier Meilen Entfernung fünf Haltplätze, denn Dorf reiht sich an Dorf zwischen Gärten, Obsthainen, Feldern, Wiesen und kleinen Eichen- und Buchenwäldchen, unter die sich auch andere Laubbäume mischen. Alle Bäume haben noch ihr Laub, freilich im spätherbstlichen Kleide mit allen Schattirungen, die diese Jahreszeit giebt. Das Vieh weidet noch auf den grünen Thalwiesen und an den Bergabhängen in großer Höhe. Der Wald besteht gemischt aus Laub- und Nadelholz.

Die Häuser in den Dörfern haben schon ganz den Charakter der Alpenhäuser, groß, geräumig, viel Licht, auch viel Wärme gebend, meist mit offenen Söllern. Fast jedes Dorf hat seine Kirche, und hier und da erhebt sich auf steiler Felsenhöhe eine Calvarienkapelle, und an Marien= und Heilandsbildern am Kreuz fehlt es nicht, den Gekreuzigten bald in bunter Farbenkleckserei, bald in einer Plastik, die das Gefühl für's Schöne mehr als beleidigt! Herrlich liegt am Fuße des Wendelsteins in malerischer Umgegend die noch bewohnte alte Brannenburg, jetzt ein prachtvolles Schloß. Die Burg kam 1300 an die Herzöge von Baiern, dann an die Winzer, Pienzenauer, Hund und Moosegg, und 1728 an die Grafen von Preysing, die sie noch zu Schaubach's Zeit, 1845, besaßen. Jetzt ist sie im Besitz des Marquis von Pallavicini. Das Schloß, sagt mir Freund M., der es oft gesehen, ist schön eingerichtete und hat eine reizende Lage, die es oft zum Ziel der Münchener Landschaftsmaler macht. In den herrlichen Gärten wird Obstbau und Obstzucht getrieben. Brannenburg ist die Hauptzierde der ganzen Gegend. Weiterhin sind rechts und links vom Inn zwei Schlösser, eines, der Falkenstein, in Ruinen, das andere, Neubeuern, ebenfalls in Trümmern und mit Ueberresten römischer Bauten.

Das Innthal durchbricht die vordersten Ketten der Kalkalpen genau unter einem rechten Winkel und hat demgemäß eine südöstliche Richtung auf einer Strecke von 4½ Meilen, deren oberes Ende von Kufstein, das untere von Rosenheim bezeichnet ist. Die letzte Station auf baierischem Grund und Boden heißt Kieferfelden. Hier vornehmlich beginnt das Thal schmaler zu werden: die Abstürze des mächtigen Wendelsteins treten auf der linken Seite, die des eben so erhaben vorragenden Kaisergebirgs auf der rechten Seite näher an den Thalboden, der jenseit der, gleich hinter Kieferfelden liegenden, Landesgränze seine größte Enge, auf ¼ Meile weit bis Kufstein erreicht. Das ist der berühmte Engpaß von Kufstein, ursprünglich Kopfstein genannt!

Es war vier Uhr, als wir in den geräumigen Bahnhof von Kufstein einfuhren. Bis hierher reicht die baierische Verwaltung des Eisenbahnbetriebs, und die österreichische beginnt. Demgemäß findet eine Wechselung der Wagen statt. Beide Verwaltungen haben sich in Einem Gebäude von unscheinbarem Aeußern eingerichtet und die Zöllner nebst der Polizeiwache des Kaisers und des Zollvereins in ihre

5*

Räume aufgenommen. Der König von Baiern übt daher hier auf fremdherrlichem Grund und Boden und unter Dach und Fach des Kaisers von Oesterreich zwei der — heiligen Rechte der obersten Landeshoheit aus: Erhebung des Zolls und polizeiliche Ueberwachung des Fremdenverkehrs. Das lob' ich mir! Das ist doch ein schöner, für sich sprechender Beweis von nachbarlicher Freundschaft der hohen Souverainetäts-Träger!

Eine halbe Stunde ist in Kufstein zur Erledigung der gesetzlichen Paß- und Mauth-Vorschriften bestimmt. Polizeibeamte, die ganz militairisch gekleidet und bewaffnet waren, forderten den angekommenen Fremden in den höflichsten Ausdrücken die Pässe ab. Wir gaben sie gegen Empfangnahme eines Nummerzettels, davon das zweite Exemplar dem betreffenden Passe beigelegt wurde. Kurz vor der Abfahrt wurden diese Nummern gegen die Pässe ausgetauscht. Mein Paß war mit einem kleinen Stempel versehen worden. Von Zahlung einer Gebühr war nicht die Rede, noch weniger von einer verstohlenen Handwendung eines Polizeimanns, wie ich es vor dreißig Jahren an andern Stellen der kaiserlichen Landesgränze wol erlebt habe. Von den Mauthbeamten waren wir noch rascher abgefertigt, hatten wir doch Nichts zu verzollen bei uns.

Wir hatten Zeit, einen Blick in's Städtchen zu werfen, das auf dem rechten Ufer des hier schmalen Inns, über den eine hochgewölbte Steinbrücke führt, belegen ist. Kufstein, aus einer einzigen Straße bestehend, schlängelt sich den steilen Abhang eines Felsens hinan, auf dessen Gipfel, südlich von der Straße, die Bergfestung thront, die eine Landeswehr von Tyrol an diesem seinem Haupteingange sein soll, es auch in früheren Zeitaltern, bei der damaligen Art der Kriegführung gewesen sein mag, in unserm Jahrhundert aber, bei ganz veränderter Kriegführung und verbesserten Schußwaffen wol im Stande sein wird, das Eindringen eines vordringenden Feindes auf kurze Zeit zu verzögern, nicht aber für immer zu verhindern. Die Veste ist ein Felsennest, zu dem vom Städtchen aus eine Treppe hinaufführt, die wol dreihundert Stufen zählen mag. Diese Treppe ist, so sagt mir Freund M. —, der einzige Eingang der Festung. Wenn das der Fall, dann begreif' ich nicht, wie das schwere Geschütz, und andere in's Gewicht fallende Dinge, als Munition, Proviant, hinaufgeschafft werden, es sei denn, daß es durch Winden geschehe. Aus dem natürlichen Gestein gehauene und stellenweise durch

Mörtel zusammengefügte Felsenmauern umgeben, eine über der andern, die geräumige Felsenkuppe, die mit einem ungeheuern Aufwand von Arbeits= kraft zu einem Plateau geebnet worden ist, wo die Gebäude zur Aufnahme der kleinen Besatzung, das Zeughaus und die übrigen Magazine stehen. Das Alles hab' ich, weil dazu die Zeit fehlte, nicht selbst gesehen, sondern mir von Freund M. erzählen lassen; was ich aber mit eigenen Augen gesehen, das ist, daß die Felsenmauern von Kuf= stein an der Innseite wol an die 150 Fuß hoch senk= recht abgeschnitten sind und unmittelbar in die Fluthen des Stroms stürzen, der hier mit bedeu= tender Wasserfülle in seinem stark geneigten, schmalen Felsenbette prächtig dahinrauscht. Kano= nen=Mündungen blicken in zwei oder drei Stock= werken aus diesen Felsmauern hervor, und bedro= hen Alles, was sich unten im Thale bewegt, mit Tod und Verderben. Die Mittel zur Vertheidi= gung dieses Engpasses sind in neuester Zeit ver= mehrt worden durch Erbauung einer zweiten, etwas kleinern Veste auf dem linken Ufer des Inns. Diese steht über der Vorstadt und dem Bahnhofe auf dem Scheitel einer sanft abgedach= ten Anhöhe, die jedoch beinah' eben so hoch ist, als der Felsen der Hauptfestung. Diese Neben=

veste beherrscht das Innthal auf-, und besonders abwärts bis Kieferfelden, oder bis zur baierischen Landesgränze, und scheint mithin, da die Kanonen der Hauptfestung nicht wol dahinwärts reichen können, gegen einen Angriff von Baiern her errichtet worden zu sein.

Ist das die vielgepriesene deutsche Bundesverfassung, welche die Bundesgenossen in ewigem Mißtrauen und nie nachlassender schwebender Furcht neben einander leben läßt? Wetteifer und Eifersucht treffen sich kaum anders, als in Menschen derselben Kunst, desselben Talents, derselben Lebensstellung, und wo mehr als in fürstlichen Personen, bei denen der Neid erblich ist! Und das deutsche Volk, das sich groß dünkt, und in seinem Hochmuth doch so thöricht, da es schwach, einfältig und dürftig geboren, und armselig genug ist, sich herzugeben zum Werkzeug dynastischer Gelüste, zur Befriedigung ererbter Schwächen!

Auch heute noch waltet zwischen dem Hause Habsburg-Lothringen und dem Hause Wittelsbach gegenseitig die Abneigung, ich möchte sagen, der Haß, der ganz besonders vor anderthalb Jahrhunderten die Veranlassung war, daß ganze Länder mit Feuer und Schwert verheert wurden.

- Im spanischen Erbfolgekriege stand der Kurfürst Max Emanuel von Baiern wider das Haus Habsburg; weil, nachdem sein siebenjähriger Sohn Joseph Ferdinand von Karl, dem letzten Könige von Spanien habsburgischen Stammes, zum Erben und Nachfolger in der spanischen Monarchie erklärt worden, derselbe aber plötzlich, wahrscheinlich eines unnatürlichen Todes gestorben war, und König Karl nunmehro den Enkel Ludwig's XIV., Philipp von Anjou, zum Universalerben eingesetzt hatte, der Kurfürst, weniger als deutscher Reichsstand, denn als habsburgischer Statthalter der Niederlande, auf französische Seite getreten war.

Im Juni 1703 brach Max Emanuel mit gewaltiger Heeresmacht nach Tyrol auf. Durch ein Manifest suchte er seine Handlungen zu rechtfertigen und das Unrecht zu schildern, das nicht allein ihm, sondern auch seinem mit ihm verbündeten Bruder, dem Kurfürsten-Erzbischof von Köln, dadurch zugefügt worden sei, daß man sie Beide in die Reichsacht erklärt habe, weil sie, als deutsche Fürsten, nicht gesonnen gewesen, die dynastischen Interessen des Hauses Habsburg zu vertreten, am allerwenigsten auf seines Fürstenhauses und seines angestammten Landes Unkosten, mit dessen Hülfe er und seine Vorfahren mehr als ein Mal zur Erhaltung der Habsburger beigetragen habe, die zum Dank dafür ihn und sein Haus nunmehr ganz unterdrücken wollten.

Ueber Rosenheim rückte der Kurfürst vor Kufstein, dessen Commandant, Graf Wolkenstein, die Vorstadt anzünden ließ, wodurch auch das Städtchen und endlich die Festung in Brand geriethen und, nachdem der Pulverthurm in die Luft geflogen war, diese sich ergeben mußte.

So war die Eingangspforte des Landes gesprengt, leichten Kaufes sie erschlossen. Nichts stand dem Vorrücken der Baiern entgegen. Sie zogen ohne Aufenthalt im Unterinnthal aufwärts nach Rattenberg, Brixlegg, Schwaz, und besetzten Innsbruck, die Hauptstadt der gefürsteten Grafschaft Tyrol, wo Max Emanuel sein Hauptquartier aufschlug, von dem aus er starke Abtheilungen nach der nördlichen Landesgränze entsendete, um durch Besetzung fester Plätze und Pässe, wie die Scharnitz, die Ehrenberger Klause und mehrere andere, die Verbindung mit Baiern zu sichern.

In allen Thälern, in Städten und Dörfern, auf den Bergen und Höhen erhob sich aber das streitbare Alpenvolk von Tyrol, legte Schanzen und Verhaue an, und allenthalben, hinter Klippen und Büschen, lauerte der Tod, den die mannhaften Söhne des Landes aus dem sicher treffenden

Feuerrohr des Stutzen, oder durch Felsentrümmer und Baumstämme auf die Baiern schleuderten. Durch's ganze Land heulten die Sturmglocken. Von Stunde zu Stunde nahm für die Eingedrungenen die Gefahr zu, eingeschlossen und der Rückzug ihnen abgeschnitten zu werden.

Ein weiteres Vorrücken zur Vereinigung mit dem aus Südtyrol heranziehenden französischen Heertheil unter Vendome scheiterte vorzüglich an den Hindernissen, welche die baierischen Völker allenthalben fanden, und an dem Widerstande, welchen ihnen das Tyroler Bergvolk, besonders im Oberinnthal, bei Landeck und an der Brücke von Pontelaz leisteten. Dennoch rückte Max Emanuel über Matrey unter fortwährendem Kampf auf die Höhe des Brenners, als er die Kunde erhielt, daß Innsbruck und Hall und das ganze Innthal von oben bis unten im vollen Aufstande seien.

Die zurückgelassenen Besatzungen waren dort von der Menge der Bauern überwältigt und nach der heftigsten Gegenwehr theils erschlagen, theils gefangen worden, auch die wichtige Scharnitz in die Hände der Tyroler gefallen.

Immer mehr stieg die Gefahr für den Kurfürsten, umzingelt und zur Ergebung gezwungen zu werden, da die Bauern auch bei Zierl und Seefeld standen und die Martinswand besetzt hatten; und nur der Entschlossenheit des kühnen Feldherrn und der Tapferkeit seiner Krieger im blutigen Kampfe konnte es gelingen, den Weg frei zu machen, die Scharnitz zu stürmen und die Verbindung mit Baiern herzustellen. Immer an der Spitze seiner Kriegsvölker, theilte der Kurfürst alle Gefahren mit ihnen, und entging dem Tode nur dadurch, daß ein Tyrolerschütz den Grafen Arco, seiner borbirten Kleidung wegen, für den Kurfürsten hielt, als dieser auf dem Wege nach Zierl an der reißenden Wand vorüberzog. Dennoch kehrte Max Emanuel nach hergestellter Verbindung wieder nach Innsbruck, um Vendome zu erwarten, und verließ diese Stadt und Tyrol erst, als er die volle Gewißheit von der Unmöglichkeit einer Vereinigung erlangt hatte. Kufstein und Scharnitz hielt er besetzt, und da der Befehlshaber in der Ehrenberger Klause, der Freiherr von Huydom, feige und ohne Gegenwehr, diese übergab, so wurde derselbe durch ein Kriegsgericht zum Tode verurtheilt und enthauptet, mehrere andere Offiziere der Besatzung aber infam kassirt.

So endete die Expedition nach Tyrol, die un=

ter ähnlichen Verhältnissen hundert und einige Jahre später sich wiederholt hat.

Diese kurze Uebersicht des Feldzuges von 1703, von dem man heut' zu Tage kaum mehr Etwas weiß, wird Dir, lieber August, vielleicht nicht unangenehm sein. Ich habe sie den „Abendunterhaltungen eines Veteranen mit seinen Kameraden über teutsche und vaterländische Geschichte" entnommen, einem Werke, welches Dir kaum dem Namen nach bekannt sein wird, weil es nicht in den Buchhandel gekommen. Ich habe ein Paar Hefte davon mit auf die Reise genommen, um Abends etwas zum Lesen zu haben. Man liest des Obersten von Schacht, so heißt der Verfasser, Darstellungen nur mit Widerwillen, weil in ihnen ein specifisches Baierthum eben so scharf hervortritt, als in ähnlichen Werken von anderen Autoren das Oesterreicherthum, das Preußenthum, das Sachsenthum (nämlich der ehemaligen Markgrafen von Meißen), das Schwaben- und das Hessenthum, und wie die Thümer nur alle heißen mögen. Uebrigens hat Georg Mayr zu München, Verfasser des „Mann von Rinn," eine historische Arbeit vor über Maximilian Emanuel von Baiern, die eine eben so vortreffliche Monographie zu werden verspricht, wie es die des Speckbacher's ist.

Das kleine Felsennest Kufstein hat mich ver=
führt, einen Abstecher in die Specialgeschichte des
Herzogthums Baiern zu machen, der kaum in den
Umfang eines Briefes gehört, welcher eigentlich
nur die Bestimmung hat, Dir und der Mama zu
sagen, wo ich in der Welt stecke!

Es war 4½ Uhr, als der Zug sich auf dem
Bahnhofe von Kufstein wieder in Bewegung setzte.
Man merkt es gleich, daß man unter Leuten ist,
die eben nicht dem Fortschritt huldigen. Das
Innthal hat zwischen Brixlegg und Kufstein nahezu
dieselbe Neigung, wie zwischen Kufstein und Ro=
senheim, so daß bei der Fortbewegung des Dampf=
wagens kein Unterschied stattfinden sollte; und
dennoch beträgt derselbe beinahe eine deutsche Meile
auf jede Stunde, um welche die österreichische Ver=
waltung langsamer fahren läßt, als die baierische.

Ein kalter Abend fing an, den warmen Tag
zu kürzen. Es dämmerte schon, als wir bei der
Station Wörgl hielten, wo einer meiner Bekann=
ten aus München wohnt, und finster war es,
als wir bei Brixlegg hielten. Von der Gegend
zwischen Kufstein und hier hab' ich daher fast
Nichts gesehen. Für die Thalfahrt ist's vorbehal=
ten. Bei der „Judenwirthin" haben wir eine gast=
liche Aufnahme gefunden. Weshalb das Wirths=

haus diesen Namen trägt, hab' ich von Freund M., der hier wie zu Hause ist, noch nicht erfahren. Daß die Wirthin mosaischen Glaubens sei, darf nicht vorausgesetzt werden; denn in ganz Tyrol lebt nicht ein einziger Jude; er darf es nicht, weil das Landesgesetz es ihm verbietet. Nur als Durchlaufender kommt er vor.

Ich muß die Feder bei Seite legen; die Augen fallen mir zu. Gute Nacht. — Dein Dich liebender Vater
Karl.

38.

Brixlegg, den 2. November 1859.

Lieber August!

— — — — — — — Nimm eine Karte von Tyrol zur Hand! Da findest Du im Unterinnthal — Innsbruck, die Landes-Hauptstadt, bezeichnet die Spaltung in Ober- und Unterinnthal, und Kufstein die Gränze des letztern, — den Namen Rattenberg mit großen Buchstaben, die besagen wollen, Rattenberg sei eine Stadt. Mag's im politischen Sinne drum sein, in volkswirthschaftlicher Bedeutung ist Rattenberg kaum ein

Städtchen zu nennen, denn so klein ist der Ort, und so gering der Verkehr desselben, daß die Erbauer der Eisenbahn es nicht der Mühe werth erachtet haben, bei Rattenberg einen Haltplatz anzulegen. Wer dahin will, muß bei Kaudl aussteigen, oder besser hier bei Brixlegg, von wo man eine starke Viertelstunde thalabwärts zu gehen hat, um nach Rattenberg zu gelangen. Von hier aus sieht man das kleine Fort, welches sich auf einem Felsenvorsprung unmittelbar über dem Städtchen erhebt. Vermuthlich aus strategischen Rücksichten ist die Eisenbahn durch diesen Felsenvorsprung geführt worden. Es ist der einzige Tunnel auf der ganzen Innthaler Bahnlinie, der, so weit ich das Terrain von hier aus übersehen kann, wol zu vermeiden gewesen wäre. Allein die gelehrten und hochweisen Herren am grünen Tisch des k. k. Armee-Ober-Commandos, weiland des k. k. Hofkriegsraths, zu Wien werden gedacht haben: Ist auch der Engpaß von Kufstein bezwungen, so können wir doch am Ende den Feind hier bei Rattenberg aufhalten, indem das Paar Geschütze — und nur ein Paar scheint dort oben auf der kleinen Veste Platz zu haben — die Bahn bestreicht. Vergeblich! sollt' ich meinen; denn ehe die Constabler Zeit gehabt, die Geschütze, die das erste Mal fehlgeschossen, wieder zu laden, sauset die Locomotive mit ihrem Wagenzug durch den Tunnel, und der Feind hat auch diesen Engpaß forcirt, sogar ohne einen Schuß gethan zu haben.

Brixlegg, das die Landesgeschichte schon im Jahre 788 nennt, ist ein großes Pfarrdorf von städtischem Ansehen, wie die meisten Dörfer im Unterinnthal, so weit ich es bis jetzt gesehen, und Freund M. versichert mich, es sei so bis Innsbruck hinauf. Der Ort ist der Sitz eines k. k. Berg= und Hüttenamts, unter dessen Verwaltung und Betrieb die hier befindliche Silber=, Kupfer= und Bleischmelze, die wichtigste in ganz Tyrol, steht. Mit der Schmelze ist ein Hammerwerk verbunden. Die Erze kommen von dem Pfunderer Berg bei Klausen, vom Schneeberge bei Sterzing, von Schwatz und vom Kogl bei Rattenberg, das wegen seiner reichen Erzmine einst eben so berühmt war, wie Schwatz. In Brixlegg werden jährlich gegen 1800 Mark Silber und 1300 Centner Kupfer gewonnen, und außerdem über 300 Centner Schwerspath in benachbarten Brüchen.

Das bei dem Berg= und Hüttenamt angestellte Personal ist zahlreich und besteht aus sehr gebildeten, dabei höchst gemüthlichen Leuten, mit denen

ich, da sie bei der Judenwirthin zu ihrer Abend=
gesellschaft versammelt waren, als wir ankamen,
bald bekannt wurde, nachdem mich Freund M., der
hier, wie gesagt, zu Hause ist, vorgestellt hatte.
Auch ein Graf Thurn und Taxis, ein junger, auf=
fallend schöner Mann, der hier angesessen und
auf einem benachbarten Schlosse wohnhaft ist,
war von der Gesellschaft. Die Herren waren alle
erfreut, einen Frembling aus Norddeutschland
noch zu so später Jahreszeit unter sich zu sehen.
Die Unterhaltung war sehr lebhaft; sie bewegte
sich um die politische Lage der Kaisermonarchie im
Allgemeinen, wie um die des Landes Tyrol im
Besondern, und hat wesentlich beigetragen, die
Kenntnisse zu erweitern, die ich mir in dieser
Richtung vor drei Jahren während des Aufent=
halts im — —thal, und jetzt neuerdings in
München von dort als Gäste anwesenden Landes=
eingeborenen erworben habe. Was mir große
Freude gemacht hat, ist, daß in dieser Gesellschaft
Niemand daran dachte, die — Spielkarten zur
Hand zu nehmen, dagegen wurde dem Traminer
tüchtig zugesprochen, einem bei uns in Norddeutsch=
land unbekannten, aber eben so lieblichen als
feurigen Gewächs, dessen Reben im Etschthal un-
terhalb Botzen (sprich Bohtzen) ihren Standort

haben. Wir kennen nur den Forster Traminer von Forst in der Rheinpfalz, wohin die Traminer Traube verpflanzt worden ist, wann, weiß ich nicht; allein dieser Pseudo=Traminer ist Krätzer gegen den echten und Ur=Traminer, der mir so mundete, daß ich in der heitern Gesellschaft, in der man von gedrückter Stimmung wenig merkte, ich leugne es nicht, ebenfalls recht heiter wurde. Die Gesellschaft trennte sich spät am Abend. Ich begleitete den Grafen T. und T. eine Strecke. Plötzlich bannte uns eine Stentorstimme mit dem Ruf Wer da! Und es stand ein Riese in Waffen vor uns.

Brixlegg ist nämlich das Stabsquartier eines Bataillons=Commandeurs oder Commandanten, wie es in der technisch=militairischen Sprache des k. k. Heeres heißt, dessen Mannschaften hier und auf den benachbarten Höfen in Cantonnements= Quartier liegen. Ueberhaupt ist ganz Tyrol, seit dem sogenannten Frieden von Villafranca — den alle Welt hier, gewiß mit Recht, nur einen Waffenstillstand nennt — von schwerer Einquar= tierungslast heimgesucht. Im Unterinnthal liegen italiänische Regimenter Fußvolks, lauter junge, schöne Leute, echte Soldatengestalten, groß, kräftig, markig, wohl geeignet, den schweren Strapazen des Krieges lange Zeit Trotz zu bieten. Freund M. und ich besuchten heute Vormittag einen einzeln aufwärts im Thale liegenden Hof, dessen Besitzer mit M. befreundet ist. Der hatte zehn Mann Einquartierung. Sechs davon waren in venetianischen, vier in lombardischen Alpenthälern zu Haus. Die Lombarden in der k. k. Armee muß der Kaiser nach den Stipulationen von Villafranca entlassen und ihrem neuen Landesherrn überweisen. Nun erzählen uns die österreichischen Zeitungen und die österreichisch gesinnten unter den deutschen, die Augsburger Allgemeine an der Spitze, tagtäglich, daß diese Mannschaften aus der Lombardei ihre Regimenter gar nicht, oder doch nur mit schwerem Herzen verlassen wollten. Mag es sein! Jene vier Lombarden machten jedenfalls eine Ausnahme; denn sie freuten sich wie Kinder auf den Augenblick, wo der Befehl zu ihrer Entlassung eintreffen werde. Mit den Leuten selbst ist man sehr zufrieden, weil sie friedfertig, frohsinnig, bescheiden und anstellig in Wirthschaftsarbeiten sind, zu denen sie sich freiwillig erbieten, weil der Dienst ihnen Zeit genug übrig läßt. Dagegen erhebt sich die berechtigtste Klage über den Druck dieser Einquartierungslast, die dem an sich so armen Lande, das durch gewöhnliche Abgaben und außerordentliche Steuern zum Kriegszweck, und durch Lieferungen aller Art, so wie durch die Verpflegung der Kriegsvölker des Clam-Gallas'schen Heertheils beim Durchmarsch durch Tyrol schon ausgesogen, den letzten Stoß zu seiner gänzlichen Verarmung geben werde. Der Hauswirth muß die bei ihm einquartierten Mannschaften in Wohnung und Beköstigung und in allen anderen kleinen Bedürfnissen des Lebens vollständig verpflegen. Und was für eine Entschädigung gewährt der Kaiser für alle diese Leistungen? Für den Mann auf den Tag 8 Neukreuzer, d. i. nach preußischem Gelde $1^3/_5$ Sgr.

Für das österreichische Kaiserhaus ist es eine traurige, aber leider zu wahre Erscheinung, daß es zwei Länder, die ihm einst mit unendlicher Liebe und Hingebung anhingen, sich heute entfremdet sieht, das eine strebend nach Unabhängigkeit und Selbständigkeit, lieber unter russischem Schutze, wenn's nicht anders sein kann, als ferner unter österreichischer Beamtenherrschaft, — Ungarn; das andere die Vereinigung mit einem Nachbarlande wünschend, dessen König es, als ihm aufgedrungenen Landesherrn, heute gerade vor fünfzig Jahren zum Lande hinausjagte, — Tyrol! Die Tyroler haben es nicht vergessen, wie ihre Vorfahren, die im Jahre 1809 auf Leben und Tod für ihren Kaiser fochten, von diesem verrätherischer Weise mißhandelt worden sind, wie er es geschehen ließ, daß ihr Andreas Hofer auf den Wällen von Mantua erschossen wurde, da er es verhindern konnte; wie Max Joseph von Baiern Milde walten ließ, als der Aufstand endlich unterdrückt war; wie Kaiser Franz, als er fünf Jahre später in den Besitz des Landes zurückgetreten war, die Treuen, die für ihn Gut und Blut geopfert hatten, als Aufständische, als Rebellen gegen ihren rechtmäßigen Landesherrn mit Verachtung behandelte. Man spricht sich unverhohlen über die Verletzung alles Rechts und aller Billigkeit aus, daß die alten Landesstatuten, so weit sie die Volksrechte betreffen, mit Füßen getreten würden, daß das Regiment Kaiser-Jäger, welches nach der Vereinbarung mit den ehemaligen Landständen Tyrol zu stellen habe, in neuerer Zeit willkürlich zu einem kleinen Heere angewachsen sei, u. d. m. Mit Einem Wort, es geht eine totale Verstimmung durch's Land, eine Abneigung gegen Oesterreich, eine Zuneigung zu Baiern, mit dem man lieber heute als morgen vereinigt wäre! Ein Flugblatt ist mir in die Hand gespielt worden, welches als Zeichen der Zeit beachtungswerth genug ist. Es lautet also:

Aufruf an die Tyroler: "Unser Kaiser ist im Begriff, Venedig eine italiänische Regierung, italiänische Verwaltung und italiänische Armee zu bewilligen; die Ungarn verlangen einstimmig gleiche Vorrechte; warum sollten wir nicht dasselbe thun? Warum sollten wir es ertragen, daß Slawen und Magyaren bei Hofe, an der Spitze der Landesverwaltung in den ersten Administrationssphären stehen und den Oberbefehl über deutsche Regimenter führen? Ewige Schande über uns, wenn wir ferner eine solche Schmach ertragen wollten! Das wahre Oesterreich ist deutsch und soll in Allem durch Deutsche verwaltet werden und nicht durch Personen aus verschiedenen Nationalitäten; es muß mit Deutschland zusammenhalten und eine große, rein deutsche Nation bilden, welche durch ihre Lage, ihre Zahlkraft und ihre Geistesfähigkeit die erste und mächtigste Nation Europa's sein wird, während jetzt die verschiedenen deutschen Staaten von dem Willen Frankreichs und Rußlands abhängen. Tyroler! Das Gefühl des großen deutschen Vaterlandes hat sich entwickelt von dem Rhein an bis zur Ostsee; verlangen wir beherzt vom Kaiser eine rein deutsche Verwaltung für alle deutschen Provinzen des Reiches und eine innige Verbindung mit dem übrigen Deutschland! Wird der Kaiser uns, den treuen, kräftigen Vertheidigern und Stützen seiner Krone, das abschlagen können, was er bereits den rebellischen Italiänern bewilligt hat, und im Begriffe steht, den nicht zugeneigten Magyaren zu bewilligen? Nimmermehr, denn er dürfte wohl darüber nachdenken, bevor er uns zum Feinde will!"

Woher dieser, mit „Süddeutschlands Unionsverein" unterzeichnete Aufruf gekommen, weiß Niemand zu sagen, oder will Niemand sagen.

Brixlegg liegt romantisch am Ausgange des Alpbachthals, eines kleinen Nebenthals vom Innthale, das sich an dieser Stelle, durch einen Ausläufer der nördlichen Thalmauer hervorgebracht, auf kurzer Strecke verengt. Jenseit des Nebenthals blickt der Reiterkogl herab, wichtig wegen des einst blühenden Silberbergbaues, der auch jetzt noch in Betrieb steht mit 166 Mark Silber Ausbeute. Außerdem liefert der Reiterkogl gegen 70 Centner Kupfer und 1600 Centner Schwerspath. Eine gute Viertelstunde Gehens von Brixlegg aufwärts im Innthale sieht man auf dem Plateau eines Felsenvorsprungs in einer der malerischsten Lagen, die man sich denken kann, die Burg Matzen, wie man vermuthet das alte Masciacum, einst

Besitzthum der Freunds= oder Frundsberger, der Finger, der Fugger und Bocken, jetzt des alten Geschlechts der Pfeifersberger. Die baierischen Herzöge belagerten diese Burg in ihrer Befehdung Friedrich's mit der leeren Tasche sieben Wochen lang vergeblich, in denen Ulrich, ein Freunds=berger, der tapfere Vertheidiger und Abwehrer war. Von der romantischen Lage des Schlosses Matzen angezogen, fand sich im Laufe des verflossenen Sommers eine reiche Edelfrau aus Baiern, die es mit allen seinen Zubehörungen an Feld und Wald anzukaufen wünschte. Demgemäß ließ sie den Eigenthümer fragen, ob ihm das Gut feil sei, und als dieser sich bereit erklärt hatte, auf den Verkauf eingehen zu wollen, wurde man bald Handels einig. Eben sollte der Kaufcontract abgeschlossen werden, da trat ein Geistlicher mit der Erklärung auf, die Käuferin sei eine Akatholikin, dürfe daher nicht Besitzerin von Matzenhausen werden. Diesem strengen ultramontanen Diener der Kirche stehen andere seiner Amtsbrüder gegen=über, welche die freieste Richtung in der Theologie eingeschlagen haben und die vorgeschriebenen Ge=bräuche der Kirche nur kraft der Macht der Ge=wohnheit vollziehen. Für diese Geistlichen ist ein Concordat nicht vorhanden, wie ich denn überhaupt

Das bestätigt höre, was man schon vor drei Jahren urtheilte, das Concordat werde ein Stück Papier bleiben, und nicht in's Leben bringen. Wo Licht einmal eingedrungen ist, da läßt es sich nicht so leicht wieder verfinstern, es sei denn, daß man das Licht mit Kanonengewalt auslösche, wie es das jesuitische Haus Habsburg im 17. Jahrhundert gethan, was der heutige Jesuitismus denn doch noch nicht den Muth gehabt hat zu versuchen. Die Zahl der Freisinnigen unter dem niedern Clerus, derjenigen Geistlichen also, welche unmittelbar auf das Volk wirken, soll im ganzen österreichischen Alpenlande gegen das Jahr 1856 nicht allein nicht ab-, sondern zugenommen haben. Man schreibt diese Erscheinung dem Concordate zu. Wird ein Bogen zu straff angespannt, so reißt er zuletzt, eine alte Erfahrung, die in der Körperwelt wie in der moralischen Welt ihre Geltung für ewige Zeiten behält. Zu den Freisinnigen gehört u. a. einer der Pfarrer hier im Innthale, die ich in München beim Octoberfeste kennen lernte. Dieser Pfarrer steht auf demselben theologisch-philosophischen Standpunkte, wie der Burgkaplan auf dem Schlosse — —, von dem meine Denkblätter aus dem Jahre 1856 zu erzählen gehabt haben. Als wir eines Abends in Schweiger's Theater in der Au gingen, um Ottilie Genée

zu sehen und zu hören, kamen wir um eine halbe
Stunde zu früh. Wir traten in einen benachbar=
ten Garten, wo der unvermeidliche Gambrinus
den Vorsitz führt. Freund M. war mit. Es kam die
Rede auf den Marienbienst, gegen den ich auf meinem
protestantischen Standpunkte Opposition machte.

„Lassen wir, sagte mein Innthaler Pfarrer,
Christenthum und Kirchenthum bei Seite und
erfassen wir das reine Menschenthum, unsern ur=
ersten Zustand, der war, ist und sein wird, wenn
Christus und seine Kirche längst einer andern
Form der Anbetung des höchsten Wesens Raum
gelassen haben wird. Frauendienst ist immer in
der Welt gewesen, bei untergegangenen, bei leben=
den Völkern, bei den gebildetsten, wie bei den
rohesten. Die Alten haben ihrer Venus geopfert
und den idealern Vestadienst gehabt; seien Sie da=
her billig und lassen Sie der modernen Welt der
katholischen Christenheit ihren Marienbienst unan=
gefochten. Sie erkennt in der Madonna das voll=
kommenste Weib. So haben seit Wiederauflebung
der Künste die Maler die Maria aufgefaßt, als
ein Ideal, welches die größten Künstler wie die
armseligsten Farbenkleckser, ein Jeder nach seiner
Art, auf der Leinwand oder auf der Holztafel,
auch Plastiker in bewunderten Kunstwerken des

Meißels zur Erscheinung gebracht haben. Und daß die Madonna nicht blos die römisch=katholische Welt beherrscht, sondern die gesammte Christen=heit, das sehen wir ja an der Thatsache, daß auch Maler protestantischen Glaubensbekenntnisses die Maria zum Gegenstand ihrer Kunstschöpfungen wählen. Die Bekenner der griechisch=morgenlän=dischen Kirche stellen sich die Maria als ein Weib mit schwarzbrauner Hautfarbe vor; wegen dieses Geschmackes beneid' ich sie eben nicht! Euch Pro=testanten aber bedauere ich, daß ihr die Maria in der Allgemeinheit von Euch gethan. Statt der Verehrung, die der Katholik dem, einem jeden seiner Mitbrüder gemeinschaftlich gehörenden, Ideal des vollkommensten Weibes darbringt, schafft ein jeder von Euch Protestanten sich seine besondere Madonna, und verehrt sie nicht blos, sondern betet sie in einem gewissen Lebensalter sogar an, verliert aber durch das Reale das Ideale, der Eine früher, der Andere später. Haben Sie selbst, lieber Freund, doch auch von einer Madonna gesprochen, der Sie persönlich dienen, die Sie mehr als verehren, die Sie anbeten! Ich kann Ihnen nur Glück wünschen, daß in dem Lebens=alter, welches Sie erreicht haben, der Sinn für den specifischen Mariendienst durch glückliche Ver=

schmelzung des Wirklichen mit dem in Gedanken Vorhandenen Ihrem Sein und Ihrer Gefühlsweise erhalten worden ist. Und einen glücklichen Zufall nenn' ich es, daß Ihr Ideal des vollkommensten Weibes in der Taufe den Namen der Mutter des Herrn empfangen hat."

Der Pfarrer meinte Deine zweite Mutter, lieber August. Aber was sagst Du zu diesem Raisonnement eines Priesters der römischen Kirche? Beruhet es auf Vernunftschlüssen und klarer Urtheilskraft, oder ist es bloßes Gerede und leeres Geschwätz? Ehrlich, das wirst Du einräumen, ist der Pfarrer von —, ehrlicher als so mancher von den schwarzen Herren der Verfinsterung unserer Kirche, die Vernunft, Verstand und Herz unter dem Deckmantel der Heuchelei verhüllen; weshalb? um Carrière zu machen! Erinnerst Du Dich des Witzwortes, welches A. von Humboldt einem Höflinge, der ihn necken wollte, zur Antwort gab, als dieser ihn fragte, ob er jetzt fleißig in die Kirche gehe? Und dieser Höfling war in seiner Jugend ein gar heiterer Gesell, der nichts von Frömmelei und Kopfhängerei wußte, dabei ein braver Soldat und tüchtiger Offizier, der sich 1813 die erste Klasse des Eisenkreuzes durch Muth und Tapferkeit auf die linke Brust erfocht! Da war er des

Gebots: Du sollst nicht tödten! nicht eingedenk; denn er hat als ehrlicher Deutscher und als treuer Sohn des Vaterlandes wacker mitgeholfen, Tausende der Franzosen zu erschlagen, die da über Deutschlands Wein-, nicht Rainstrom gekommen waren, die preußische Monarchie aus der Reihe der politischen Gesellschaften zu streichen. Humboldt, der Freie, Vorurtheilslose, ist todt; der Frömmler im Soldatenrock, der Unfreie, Vorurtheilsvolle, er lebt! Gott sei es gedankt, daß es unter den geistlichen Herren unserer Confession auch noch Männer giebt, die nicht Carrière machen wollen; ich erinnere Dich nur an unsern ehrenwerthen Freund C. S.; dem gegenüber aber auch an Deinen leiblichen Vetter E. — als ein Musterbild der noch in Mode seienden Richtung, dessen Eitelkeit in doppelter Selbstspiegelung schwelgt, der ehemaligen Weltlust und der jetzigen Auserwählung, und der sich nicht scheut, die Kanzel nicht nur mit ärgerlichen, sondern oft geradezu unanständigen Ausdrücken zu besudeln.

Seit dem Frieden von Villafranca schickt der Kaiser die Offiziere seines Heeres massenweise auf längern oder kürzern Urlaub in die Heimath oder in's Ausland. In München kamen täglich welche an. Die Einen, welche im Würtemberger Lande ihre Heimath haben, zogen nach einigen Tagen weiter, die Anderen, geborene Oesterreicher, blieben, um München, die Kunststadt, zu genießen und sich unter deutschen Landsleuten, wie sie sagten, einmal wieder zu — amüsiren, denn es sei in Italien, wo ihre Regimenter in Besatzung liegen, seit dem Kriege noch unerträglicher geworden, als es vor demselben gewesen. Der kaiserliche Offizier werde von den Italiänern wie die Pest gemieden, überall weiche man ihm aus, nirgends habe er Zutritt, Italien sei für die kaiserliche Armee in geselliger Beziehung jetzt mehr als je ein — Sibirien, dem man zu entfliehen trachte, wo sich die Gelegenheit dazu biete. Einer dieser Offiziere, den ich näher kennen lernte, ohne nach seinem Namen geforscht zu haben, fuhr gestern mit von München und weiter nach Innsbruck, wo er um zehn Uhr Abends den Eilwagen nach Botzen besteigen wollte, um, da sein Urlaub ablief, in seine Garnison Peschiera zurückzukehren, dieses abscheuliche — Sumpfnest, wie er's nannte, wo einem jeden Soldaten das Fieber sicher ist. Er ist ein intelligenter, höchst unterrichteter, junger Mann, seiner Geburt nach kein Deutscher, sondern Pole aus Galizien, des Deutschen aber so mächtig, als wär' es seine Muttersprache. Er bekleidet den Rang eines Haupt=

manns. Bei Magenta und Solferino war er an der Spitze seiner Compagnie mit im dichtesten Gewühl und Gemetzel gewesen und dennoch unverletzt geblieben, während die Leute seines Bataillons reihenweise neben ihm niedergeschmettert worden und die meisten seiner Regiments Kameraden auf dem Blutfelde todt oder schwer verwundet liegen geblieben seien.

Als wir uns bei der Fahrt durch's Innthal der österreichischen Gränze näherten, kam die Rede auf die Begebenheiten von 1809 und den Aufstand, den das Tyroler Bergvolk, von Wien aus dazu aufgestachelt, gegen ihre damalige Regierung erregt, wie es die Behörden und Beamten des Königs Max Joseph von Baiern und dessen Soldaten zum Lande hinausgetrieben, und sich erst nach dem heldenmüthigsten Widerstand, den es fast ein ganzes Jahr geleistet, der Uebermacht baierischer, französischer und italiänischer Kriegsvölker unterworfen habe. Der Hauptmann zeigte sich als ein genauer Kenner der Geschichte dieses Gebirgskriegs. Er wußte die Oertlichkeiten zu bezeichnen, wo ein Kampf vorgefallen, und jeden Steig anzugeben, den Joseph Speckbacher, der Mann von Rinn, wie ihn Georg Mahr genannt hat, bei dem Versuch einer Ueberrumpelung von Kufstein betreten habe.

Nicht genug an diesen Besonderheiten, wußte er auch von dem Allgemeinen des Krieges 1809 viel zu erzählen, und darunter so Neues, daß ich über die Aufklärungen, die er gab, erstaunt gewesen bin. Nie hab' ich, der ich jene Zeit doch auch, und schon mit Verstand, durchlebt, gehört, was der Hauptmann vortrug, nie davon gelesen, weder in einem allgemeinen Geschichtswerke, noch in einem besondern, das die Ereignisse jenes Feldzuges schildert.

Vielleicht bist Du, lieber August, bei Deinen kriegshistorischen Studien glücklicher gewesen; vielleicht hast Du in irgend einem Buche Andeutungen über Dinge gefunden, die mein Berichterstatter als beglaubigte Thatsachen, an deren Wahrheit nicht gezweifelt werden dürfe, vortrug. Höre, was er erzählte.

Als das Wiener Cabinet darauf gesonnen, die Schmach auszuwetzen, die der Friede von Preßburg dem Hause Oesterreich geschlagen, habe Kaiser Franz seinen Bruder, den Erzherzog Karl, zum Generalissimus der Armee ernannt, doch mit innerm Widerstreben', weil der Kaiser auf diesen Bruder, wie auf den jüngern, den Erzherzog Johann, des Kriegsruhmes wegen, den sich Beide erworben, eifersüchtig gewesen sei. Der Kaiser habe diese Eifersucht auch auf die anderen Brüder, so wie auf die Vettern und alle übrigen Verwandten seines Hauses ausgedehnt, und er habe sie nicht selten in Mißtrauen ausarten lassen, das manchmal sogar zum Haß gesteigert worden sei. Unter den Brüdern des Kaisers und den übrigen Erzherzogen hätten dieselben Gefühle obgewaltet; besonders wäre es Erzherzog Johann gewesen, der seinen Bruder Karl beneidet, und dem er es nicht habe vergessen können, daß er ihn wegen des Verlustes der Schlacht von Hohenlinden streng getadelt habe. Einigkeit habe unter den Mitgliedern der kaiserlichen Familie nicht geherrscht, bei allen und aller Orten sei Zwietracht hervorgetreten.

Der Operationsplan für den zu beginnenden Krieg sei vom Erzherzog=Generalissimus persönlich entworfen worden. Ein Factor darin wäre bekanntlich die Erregung von Aufständen unter dem deutschen Volke gewesen, nicht blos gegen die Franzosenherrschaft, sondern auch gegen die Regierungen des Rheinbundes, die vom Wiener Cabinet mit Abscheu betrachtet, und nur, weil es gemußt, in ihrem politischen Dasein von ihm anerkannt worden seien. Als der Operationsplan für den Kriegsschauplatz in Deutschland fertig gewesen, habe der Generalissimus denselben durch einen seiner Vertrauten, den Feldmarschall-Lieutenant Grünne (Vater des Günstlings von Kaiser Franz Joseph), anderen Offizieren vom Generalstabe zum Gutachten vorlegen lassen, darunter dem Generalmajor Mayer von Heldenfeld, einem der ausgezeichnetsten Offiziere, die das kaiserliche Heer jemals zu den seinigen gezählt. Als dieser den Operationsplan, von dem man ihm verschwiegen, wer der Urheber sei, nicht flüchtig angesehen, sondern sorgfältig geprüft hatte, gab er nach kurzem Besinnen sein Gutachten in derbster Weise dahin ab: „Der Erfinder dieses Plans ist ein Esel, der seine Zeit nicht begreift und in politisch-militairischen und in allgemein deutschen Dingen sich noch immer nicht auf die Höhe erhoben hat, wo der Haß des katholischen Deutschlands gegen das protestantische, und der Haß des Hauses Habsburg gegen das Haus Hohenzollern aufgegeben werden muß. Wir müssen mit unserer Hauptmacht durch Sachsen ganz Norddeutschland überschwemmen, den König von Preußen mit uns fortreißen und die Bevölkerung bis an die Ost- und die Nordsee aufwiegeln. Sie, und Zehntausende von Soldaten unter ihnen, werden uns zuströmen; denn diese Bevölkerungen empfinden das Joch der Franzosen am härtesten; die Baiern und die anderen Süddeutschen dagegen viel weniger, oder fast gar nicht; denn der Napoleon hat diese Völkerschaften durch ihre Fürsten groß gemacht, was ihrem alten Haß gegen Oesterreich Nahrung gegeben hat. Bei diesen ist an einen Aufstand gar nicht zu denken. Also geb' ich nach meinem besten Wissen und Gewissen den Rath, den man von mir verlangt, dahin, den Einbruch in Baiern aufzugeben; da werden unsere Waffen kein Glück haben, weil bei der Enthusiasmirung der Deutschen, die man im Sinne hat, auf die Baiern gar nicht zu rechnen ist. Ein starkes Observations=Corps stelle man dahinwärts auf, genügend, um die Macht des französischen Kaisers zu spalten." Als Grünne, von dem „Esel" betroffen, dem General sagte, Se. Kaiserliche Hoheit der Erzherzog=Generalissimus selbst habe den Operationsplan entworfen, meinte er: „Es thue ihm leid, jenen Ausdruck gewählt zu haben, könne ihn aber nicht zurücknehmen." Der Erzherzog, damals mit der Machtvollkommenheit bekleidet, wie einst Wallenstein, schickte den General Mayer von Heldenfeld als Festungs=Befehlshaber nach Brod an der türkischen Gränze!

Die entscheidende Schlacht von Deutsch=Wagram ging durch die Schuld des Erzherzogs Johann verloren. Als Anführer des gegen Italien wirkenden kaiserlichen Heeres war er vor Eugen Beauharnais aus der lombardischen Ebene gewichen quer über die östlichen Alpen bis in die Kleine Ebene Ungarns. Sein Bruder, der Generalissimus, hatte unterdeß die Schlacht von Aspern gewonnen. Dieser Sieg erklang weithin durch Deutschland und erregte mächtig die Gemüther; er war um so wichtiger, als Napoleon Bonaparte seit seinem Auftreten zum ersten Mal überwunden wurde. Warum man diesen Sieg nicht verfolgte, ist auch eins von den Geheimnissen, deren die Geschichte der österreichischen Kriege so viele aufzuweisen hat. Der Erzherzog-Generalissimus rührte sich nicht von der Stelle. Am 5. Juli lagerte er noch fast auf dem nämlichen Fleck, auf dem er am 21. und 22. Mai in zweitägiger Schlacht die Franzosen überwältigt hatte. Der Erzherzog Johann stand mit dem italiänischen Heere bei Preßburg. Am 4. Juli erhielt er den Befehl, sogleich nach Marchegg vorzurücken und, sobald er auf seiner Abendseite Kanonendonner hören werde, die March zu überschreiten und auf die rechte Flanke des Feindes zu fallen. Der erste Schlachttag von Wagram, am 5., blieb unentschieden; Keiner siegte, Keiner wich; von der March bis auf's

Schlachtfeld sind nur sieben bis acht Stunden Weges. Ordonnanzen über Ordonnanzen flogen hin zum italiänischen Heere mit dem gemessensten Befehl, in Eilschritt vorzurücken, wer aber nicht kam, war Erzherzog Johann. Am zweiten Schlacht= tage war der rechte Flügel der Kaiserlichen ent= schieden im Vortheil, und die Mitte behauptete ihre Stellung auf's Standhafteste, der linke Flü= gel dagegen wurde zurückgedrängt von einer Ueber= macht, die Napoleon auf seinem rechten Flügel dadurch concentrirte, daß er diejenigen seiner Völ= ker, welche er gegen die March zur Beobachtung des Erzherzogs Johann detachirt hatte, an sich zog, nachdem ihm gemeldet worden, die italiänische Armee rühre sich nicht von der Stelle. Wiederum hatte der Generalissimus seit Eröffnung des heutigen Kampfes einen Befehl nach dem andern an seinen Bruder ergehen lassen; allein dieser zauderte und zauderte und ließ sein Heer so langsam vorrücken, daß die Vorhut desselben erst dann in der Nähe des Schlachtfeldes anlangte, als Alles schon längst abgethan war. Der Generalissimus hat kraft seiner militairischen Machtvollkommenheit, die ihm das Recht verlieh, zu lohnen und zu strafen, die Ab= sicht gehabt, seinen Bruder Johann vor ein Kriegs= gericht zu stellen. So Schreckliches aber wurde vom Kaiser hintertrieben, der seinen Bruder Karl zu fürchten und in ihm einen zweiten Wallenstein zu sehen den Wahn gefaßt hatte; und das ist die wahre Ursache, welche den Erzherzog Karl gleich nach Abschluß des Waffenstillstandes bewogen hat, seinen bisherigen Oberbefehl niederzulegen. Es sind Gründe angegeben worden, welche das späte Eintreffen der italiänischen Armee zu rechtfertigen versucht haben, und der Erzherzog Johann hat zu dem nämlichen Zwecke selbst die Feder ergriffen; der eigentliche Grund aber ist wohlweislich verschwiegen worden.

Der Hauptmann unterbrach sich und schaute in die dunkle Nacht hinaus. Freund M. und ich hatten seiner Erzählung gelauscht, still und aufmerksam. Endlich faßte sich M. ein Herz zu der Frage: Was war denn der eigentliche Grund?

Meine Herren, erwiderte er mit einer Stimme, in welcher ein Mollton der Wehmuth zitterte, Sie Beide sind nicht Oesterreicher; Sie können daher auch nicht das Gefühl in seiner ganzen Tiefe ermessen, das uns Oesterreicher durch das Bewußtsein bewegt, in unserm Kaiserhause sei nicht Alles so, wie es sein soll. Ich habe schon vorher gesagt, wie es vor funfzig Jahren darin aussah, darin finden Sie die Antwort auf Ihre Frage.

Also war Eifersucht und Neid des Bruders auf den Bruder der Grund, weshalb Erzherzog Johann die Befehle des Generalissimus nicht befolgte und nicht zur rechten Zeit auf dem Schlachtfelde erschien? fragte ich.

Sie sagen es! Der jüngere Bruder beneidete den ältern wegen der hohen Stellung, die derselbe an der Spitze des gesammten Heerwesens einnahm, und wegen der unbeschränkten Gewalt und Machtvollkommenheit, die ihm vom Kaiser beigelegt worden war; er beneidete ihn wegen des glänzenden Sieges von Aspern, dem er nur einen Rückzug von 100 Meilen Weges entgegenstellen konnte. Den beiden Unglückstagen von Eckmühl und Regensburg, wo der Erzherzog-Generalissimus auch in Person den Befehl führte, noch einen dritten Unglückstag anzuhängen, so war die Absicht des Erzherzogs Johann, die ihm nur zu gut gelungen ist. In diesen Mißverhältnissen, welche die kaiserliche Familie von damals nach dem mündlichen Zeugniß verstorbener und noch lebender Zeitgenossen bald versteckt, bald offenkundig bewegten, möge man denn auch den Grund erkennen, warum in dem großen Kriege von 1813—1815 keiner der Erzherzoge eine Befehlshaberstelle erhalten hat. Metternich, der bei allen diesen Verstimmungen groß geworden war, wußte sie mit dem feinen Takt, der diesem großen Staatslenker eigen gewesen ist, zu würdigen und den Erzherzog Karl von einer Stellung abzulenken, auf die dieser, als Feldherr, wie als kaiserlicher Prinz, ein Recht zu haben behauptete. Bei seinem Herrn, dem Kaiser, fand Metternich ein offenes Ohr; und so ist es auf ganz natürlichem Wege zugegangen, daß statt dem ersten deutschen Feldherrn damaliger Zeit des Fürsten Karl Schwarzenberg der Oberbefehl über das kaiserliche, wie über die gesammten Heere der verbündeten Mächte übertragen worden ist.

Sie erzählen uns da eine Menge Dinge, fiel M. ein, von denen man ja noch nie gelesen hat, mir wenigstens sind sie ganz unbekannt. Stützen sie sich auf Thatsachen, und woher wissen Sie dieselben.

Es sind Thatsachen, erwiderte der Hauptmann, und ich weiß sie durch mündliche Uebertragung von Verwandten, die damals auf hohen Stufen standen, besonders von einem nicht längst in hohem Alter verstorbenen Oheim, der während des Krieges vor 1809 als Offizier des Generalquartiermeisterstabes in der Feldkanzlei des Generalissimus Dienste that. Dieser Oheim hat mir

u. a. auch erzählt, daß nach dem Znaymer Waffen=
stillstande, als die Friedensunterhandlungen im
Gange waren, es des Franzosenkaisers Absicht ge=
wesen sei, die Macht des Hauses Oesterreich gänz=
lich zu zertrümmern, um endlich Das zu erreichen,
was die französische Politik seit Jahrhunderten
erstrebt hat. Der Plan ist gewesen, erstlich Un=
garn mit seinen Nebenländern zu einem selb=
ständigen, völlig unabhängigen Königreiche zu
machen, mit einem edlen Magyar an der Spitze,
der sich zur damaligen Zeit oft in Paris aufge=
halten und sich der Gunst Napoleon's erfreut
haben soll; sodann zweitens, Galizien ebenfalls
zu einem unabhängigen Königreich zu erheben,
und dieses dem Fürsten Poniatowsky zu verleihen,
der auf allen Schlachtfeldern der Franzosen tapfer
mitgefochten; ferner drittens die Länder der
Krone Böhmen unter dem Erzherzoge Karl als
souverainen Staat in den Rheinbund aufzunehmen,
und endlich viertens dem Kaiser Franz den klei=
nen Rest zu belassen, welcher nach Ablösung der
unter dem Namen der Illyrischen Provinzen zu=
sammengefaßten Länder übrig geblieben wäre.
Metternich, dem dieser Plan durch ein ganz leises
und deshalb ungewisses Flüstern zu Ohren gekom=
men, soll zur gründlichen Erforschung desselben

weibliche Reize benutzt und diese dem Kaiser in Schönbrunn vor Augen gebracht haben. Napoleon habe in den Armen der schönen Fee, die ihn vollständig zu berauschen verstanden, seine gewohnte Schweigsamkeit gebrochen, und den wirklich gefaßten Plan ausgeplaudert, der dann sofort Metternichen, und von diesem dem Kaiser Franz hinterbracht worden sei. Darauf habe man als Abwehrmittel einen Gegenplan ersonnen, dahin gehend, durch einen vorher zu gewinnenden Vertrauten Napoleon's diesem zuflüstern zu lassen: die Kinderlosigkeit seiner Ehe schiene es ihm zur Pflicht zu machen, sich von Josephine, seiner Gemahlin, zu trennen, und eine zweite Ehe zu schließen und zu seiner neuen Gemahlin die Tochter eines uralten Fürstenhauses zu wählen, was wesentlich beitragen werde, seine Dynastie für ewige Zeiten zu befestigen. Werde ihm nun des Kaisers Franz älteste Tochter, die Erzherzogin Marie Louise, von Weitem gezeigt, so würde er sehr wahrscheinlich auf diesen Köder anbeißen, und er im Hinblick auf die Familienverbindung mit Habsburg-Lotharingen seinen verderblichen Plan fallen lassen.

Wunderbar, fiel Freund M. dem Erzähler in's Wort, daß man hier im Innthale auf der Eisenbahnfahrt nach Brixlegg von einem jungen Kriegs=

manne Aufschlüsse über Begebenheiten einer fernen Vergangenheit bekommen muß, die in tiefes Dunkel gehüllt schienen. Trügt Sie nicht Ihr Gedächtniß, Herr Hauptmann?

Nein, erwiderte dieser, mein Gedächtniß trügt mich nicht, und ich habe allen Grund zu der Voraussetzung, daß auch das Gedächtniß meines Berichtgebers, der alle diese Dinge erlebt hat, und in der Lage gewesen ist, die größten Geheimnisse zu erfahren, ihn nicht getrügt hat. Ich muß noch hinzufügen, daß mein Oheim mir das Versprechen abgenommen hat, zu seiner Lebenszeit niemals von diesen Beiträgen zur geheimen Geschichte des Wiener Hofes Etwas verlauten zu lassen. Jetzt aber, da er todt ist, und alle handelnden Personen jenes Drama das Grab deckt, bin ich nicht mehr an mein Versprechen gebunden, weshalb ich denn auch keinen Anstand genommen habe, Ihnen Beiden diese mündlichen Ueberlieferungen mitzutheilen. Ich bin, wie ich schon gesagt habe, in Polen zu Hause, wo im westlichen Theile von Galizien meine Wiege gestanden hat; ich gehöre daher zu Denjenigen, welche man bei uns wol Neuösterreicher nennt, denen gemeinhin wenig Anhänglichkeit an das Kaiserhaus zugeschrieben wird; von mir darf ich jedoch sagen, daß ich

ein treuer Unterthan und Diener meines Kaisers
bin, wovon ich unlängst erst auf den Schlacht=
feldern in Italien den Beweis geliefert zu haben
vermeine; dennoch bin ich nicht blind gegen die
vielen Gebrechen, an denen unser Staatswesen
nach allen Seiten in einer Weise leidet, die zu
den größten Besorgnissen für die Zukunft Gele=
genheit geben kann.

Der Hauptmann wollte weiter sprechen; da
hielt der Zug, wir waren auf der Station Brixlegg;
wir schieden von einander.

Du wirst Dich, lieber August, wundern, daß
ich, statt in den Bergen umher zu wandern und
geologische und botanische Studien zu treiben,
innerhalb der vier Pfähle sitze und Dich von Be=
gebenheiten unterhalte, die einer längst entschwun=
denen Vergangenheit angehören; allein es hat
seine guten Gründe: das Bergwandern hat der
Zustand der Atmosphäre verboten. Auf einen
sehr heitern und warmen Vormittag ist seit der
Culmination der Sonne jenes kühle und kalte
Nebelrieselwetter gefolgt, das die Alpenthäler plötz=
lich überschüttet, ohne daß man gewahr wird, wo
es entstanden und woher es gekommen. Ich sehe
seit Mittag Nichts von den nahen Bergwänden,
noch viel weniger von ihren Jöchern, die sich sehr

wahrscheinlich noch tiefer herab weiß gekleidet zeigen werden, als bisher, wenn sich der Nebel verzogen haben wird. Gebe nur Gott, daß es morgen wieder klares Wetter sein werde, denn ich will einen Ausflug machen nach dem Schlosse — — zum Besuch des Barons Joseph von Y. und seiner Nichte, der Burgfrau Agnes, von denen ich seit drei Jahren Nichts gehört habe.

Um zuletzt noch von Kartographischem zu sprechen, so will ich erwähnen, daß Peter Anich's sogenannte Bauernkarte von Tyrol noch immer für eine brauchbare Landtafel gilt, wenn gleich die Methode, welche Anich bei Darstellung der Gebirge befolgt hat, von der heute üblichen Weise verschieden ist. Man kann die Frage aufwerfen, welche von beiden den Vorzug verdiene? Die Beantwortung dieser Frage öffnet viele Gesichtspunkte, zu deren Erörterung Lust und Zeit gehört, die mir für jetzt fehlen. Ueber das Schreiben dieser langen Epistel ist es spät geworden und doch muß ich noch den Pflichten der Freundschaft gegen M. genügen, den ich den ganzen Nachmittag nicht gesehen habe. Was ich aber kurz erwähnen will, ist, daß die heutigen Spezialkarten von Tyrol gar kein Bild von der eigentlichen Beschaffenheit der Berge geben. Das Sprüchwort sagt: Der sieht den Wald vor Bäumen nicht! Ich möchte in ähnlicher Weise von unseren Landkarten, den besonderen wie den allgemeinen, sagen: Man sieht auf ihnen den Berg vor Schraffirstrichen nicht! Diese Schraffirstriche, bald dünn, bald dick, bald fein, bald grob, und bald weit, bald eng neben einander gestellt, sollen die Böschungen der Berge und deren verschiedene Neigungen gegen den Horizont versinnlichen; allein das wird in einer Alpenkarte nur dann möglich sein, wenn sie in einem verjüngten Maße gezeichnet wird, das die Gränzen unserer gewöhnlichen, durch Stichel und Druck vervielfältigten Spezialkarten weit überschreitet. Die Karten, welche der österreichische General=Quartiermeister=Stab herausgegeben hat, geben kein richtiges Terrainbild von Tyrol; sie vermögen es nicht, weil ihr Maßstab zu klein ist. Besteigt man eine Alp, so verändert sich mit jedem Schritt, den man aufwärts thut, der Abdachungswinkel; plötzlich steht man vor einer scharfen, bald senkrechten, bald sogar überhangenden Felsenwand, die, hat man sie erklettert, auf ein kleines Plateau führt, das sanft ansteigt, nach etwa zwanzig Schritten aber wieder in einen jähen Abhang übergeht, und so geht es von Stufe zu Stufe fort, oft die Kreuz und die Quer zerrissen von

Spalten und Schluchten und Wasserrinnen, die man erst gewahr wird, wenn man dicht davor steht. Und hat man sich nun dem Scheitel des Berges genähert, so verführt die Karte, die wir in der Hand haben, zu dem Glauben, man werde bald eine glatte Fläche erreicht haben, auf der mit aller Bequemlichkeit ausgeruht werden könne von dem mühseligen Tagewerk; allein was für ein Irrthum? Wir stehen auf einem scharfen Grat von kaum drei bis vier Fuß Breite, von dem in den Abgrund geschleudert zu werden wir fürchten müssen, hat der Luftstrom nur einige Stärke; wie es gewöhnlich ist. Links und rechts und vor und hinter uns starren Pyramiden und Thürme, Säulen und Knorren nackten Gesteins gen Himmel, nirgends Ruhe, überall Bewegung, wilde Bewegung in der Natur des Bergjochs, von der die Karte uns verführt hat, gerade das Entgegengesetzte zu erwarten. Je kleiner der Maßstab einer Karte ist, desto widernatürlicher wird die Terraindarstellung. Der Zeichner schafft sich ein Phantasiebild, um es auf's Papier, und nach ihm der Kupferstecher, der Steinschneider auf die Platte zu bringen. Hat er die Alpen nie gesehen, so entstehen durch vorgefaßte Meinungen und Vorurtheile über Bergbeschaffenheit in seinem Vorstellungsvermögen Anschauungen über Bergdarstellung, wie sie nur die wildeste Einbildungskraft erzeugen kann. Das Wirrigste, Unverständigste, ja Tollste in dieser Beziehung ist vor etwa dreißig Jahren in Berlin zu Tage gefördert worden von dem sonst sehr geistreichen R. von L., der als Generallieutenant und Chef des Militair=Unterrichts= wesens verstorben ist. Seine Karten haben nichts Gutes gestiftet, im Gegentheil wesentlich beigetragen, unter dem damaligen jungen Soldaten= geschlecht, dem der General kraft seiner amtlichen Stellung seine Karten — octroyirte, die irrigsten Begriffe über Aeußerlichkeit der Gebirgsnatur und über Bodenform zu verbreiten. Glücklicher Weise ist ihre Zeit bald vorübergegangen, wie vor ihnen die Zeit der noch tolleren Ideen eines Friedrich Schultz, eines Klöden, eines Marius Schmidt, die, indem sie den Begriff der Wasserscheide mit dem Begriff Gebirge vermengten, auf ihren Karten mächtige Bergzüge da schufen, wo Ebenen so glatt und flach wie eine Tischplatte auf Tausenden von Geviert= meilen ausgebreitet sind. Wer die äußeren Formen der Berge im Planbilde darstellen will, der muß ihr inneres Gefüge kennen, der Geometer muß auch Geolog sein; so lange die Feldmesser und die Militair=Topographen nicht Geologie

studirt haben, so lange werden sie keine Gebirgs=
karten haben, wie sie sein sollen. Georg Mayr
in München, ein tyrolisch Alpenkind, giebt jetzt
eine allgemeine Karte vom Alpenlande in neun
Blättern heraus, die bei Perthes in Gotha er=
scheint. Er ist der Erste, welcher zu einer natur=
gemäßern Darstellung des Gebirgs, als die bis=
herige, die Bahn bricht.

Lebe wohl, lieber August. An Deine Mutter
werd' ich in Innsbruck schreiben. Einstweilen die
herzlichsten Grüße. Karl.

39.
Baron Joseph von Y. an Karl den Sechsundsechsziger.

Schloß — —, im — —thal, 5. Novbr. 1859.

Innigst geehrter Freund!

Anklagen muß ich die feindlichen Mächte, die
zwischen uns getreten, als Sie von Brixlegg herüber=
gekommen sind, und das ganze — Nest ausge=
flogen gefunden haben. Ich war in Salzburg, wo=
hin mich dringende Geschäfte führten; Agnes aber
hält sich mit ihrem Manne seit einem halben Jahre

in der Kaiserstadt auf. Nach Innsbruck, wohin
Sie mich einladen, weil Sie nicht noch ein Mal
den Abstecher in unser Thal machen können, kann
ich nicht kommen; wol aber gedenk' ich Sie im
Baierischen Hofe zu München aufzusuchen, wohin
mich Angelegenheiten meiner Nichte rufen. In
der Mitte der bevorstehenden Woche werd' ich da
sein. Dann sind auch Sie von Innsbruck zurück,
wie das hier im Schloß zurückgelassene liebens=
würdige Briefchen mir in Aussicht stellt.

Freund, was Alles hab' ich Ihnen zu erzäh=
len! Stürme haben mein altes Haupt umtobt
und Wogen des tiefsten Leides das arme Herz
überfluthet, wie es in diesem irdischen Jammer=
thal wol selten dem Sterblichen beschieden ist. Ich
habe fürchterlich gelitten. Nicht ein Mal, nein,
tausend Mal hab' ich mich fragen müssen: Ist es
denn Wahrheit, was uns von Kindesbeinen an
erzählt wird: der Mensch sei ein Abbild Gottes,
wenn auch nur ein schwaches all' der Vollkom=
menheiten, die wir an den Begriff Gott knüpfen;
oder ist alles Das, was uns eingetrichtert wird,
womit uns die Priester gleichsam nudeln, nicht
viel eher eine schändliche Lüge, mit der sich der
Mensch täuschen und, indem er der Eitelkeit fröhnt,
sein Gewissen beschwichtigen will!

Freund! Die Schläge des Schicksals haben mich — mürbe gemacht. Aller Frohsinn, den Sie an mir kannten, ist gewichen. Drittehalb Jahre bin ich als ein kränkelnder Träumer umhergeschlichen. In München, wenn Sie mich gesehen haben, werden Sie sich fragen: Ist das der Joseph, den ich im Juli 1856 gekannt habe? Da war ich ein glücklicher Mensch, ein rüstiger Mann, dem es, wie Sie sich erinnern werden, ein Leichtes war, die höchsten Alpen zu ersteigen. Jetzt bin ich unglücklich, schwach, matt, todt für alle Strebungen auf dem Felde der Wissenschaften, dem ich mit ganzer Seele zugethan gewesen. Zerrissen ist mein Antlitz von Furchen des tiefsten Grams, und eine kalte Winternacht der eisigsten Empfindungen ist über mein Haupt gezogen, sein spärliches Haar in die Farbe der Schnee=Tauern zu kleiden, die Sie aus den Fenstern dieses Schlosses so oft bewundert haben.

Doch, sei ich gerecht! Für moralische Leiden giebt es einen Heilkünstler, aber nur den einen, den einzigen; er nennt sich — die Zeit! Vermag er es auch nicht, unser Uebel an der Wurzel zu fassen, um das Polypengewächs des Grams aus dem blutenden Herzen zu reißen, er lindert doch die Schmerzen und milbert sie, indem er auf die

klaffenden Wunden Balsamtropfen träufelt, die Beruhigung, wenn auch nur augenblickliche, geben, und vielleicht Genesung hoffen lassen; — vielleicht? Dieser Arzt, der größte Wohlthäter des Menschen und des Menschengeschlechts, er hat mich in seine Arme genommen, und versucht nun seine Kunst auch an mir, dem Tiefbekümmerten, er spricht mir Trost zu und ermüdet nicht in der Spendung langsam wirkender Heilmittel, denen er alles Herbe, alles Scharfe zu nehmen bemüht ist. Ich bin ihm dankbar für all' die Sorge und Sorgfalt, die er mir widmet. Ich habe mich dem großen Heil=
künstler in dem Augenblicke anvertraut, als meines Sohnes Gustav Wittwe, meine Nichte Agnes, mit dem Ihnen nicht unbekannt gebliebenen Baron A. den Bund der Ehe geschlossen. Mehr darüber mündlich im Baierischen Hofe!

Besser ist's, dem Uebel vorzubeugen, als ge= nöthigt zu sein, es zu rügen! Wer aber kannte die — Seuche, die in diesem Schlosse ihre Ver= wüstungen anrichtete; wer also konnte gegen sie einen Pestcordon ziehen und Contumaz=Anstalten errichten? Wir sprechen darüber, Freund! Denn schon zu Ihrer Zeit, als Sie uns im Jahre 1856 mit Ihrem Besuche erfreuten, wüthete die Krank= heit, von deren Dasein ich bald nach Ihrer Ab=

reise die erste Kenntniß erhielt, von Außen her, von meinem Vetter, dem Baron Z. zu — in der Oberpfalz. Ich spreche in Räthseln, lieber Freund! Zu schmerzhaft ist es, die Auflösung schriftlich zu geben, ich muß sie mir für die mündliche Unterredung vorbehalten.

Angenehm wird es mir sein, durch ein Paar Zeilen den Tag genau zu erfahren, an dem Sie in der nächsten Woche nach München zurückzukehren gedenken, und mit welchem Eisenbahnzuge. Ich werde mich dann so einrichten, um auf der Station Wörgl, oder zum Mindesten in Rosenheim zur rechten Zeit einzutreffen und in Ihrer Gesellschaft nach München zu fahren.

Sehen Sie in Innsbruck den Ritter v. Alp.—, so grüßen Sie ihn freundlichst von mir.

Ganz der Ihrige
Joseph Freiherr v. Y.

40.

Karl an Marie.

Innsbruck, den 4. Novbr. 1859.

Mein geliebtes Weib!

Die beiden aus Brixlegg an August gerichteten Briefe haben Dich, theure Marie, unterrichtet, in welchem Gau des weiten deutschen Vaterlandes ich anjetzt weile. Bin ich aber wirklich noch in Deutschland? Das ist eine Frage, die sich mit Ja, aber auch mit Nein beantworten läßt. Ich und jeder andere Deutsche, der ein treuer Sohn des Vaterlandes ist, der nicht blos an den geographischen Begriff sich hält, sondern Leib und Leben daran setzen will, die politische Einheit zu erstreben, wie die Einheit gegeben ist in der Sprache, der Denkweise, der Literatur und Bildung, die beiden letztern Factoren der Einheit, trotz des Dualismus der Confession, wir antworten mit einem entschiedenen — Ja! das Wiederhall findet, Gott Lob, in jedem guten deutschen Herzen. Nein antwortet die k. k. österreichische Staatspraxis, die sich von Deutschland und der Freiheit deutschen Wesens praktisch losgesagt hat, wie sehr sich auch in Frankfurt am Main die Metternich, die Schwar=

zenberg, die Rechberg theoretisch abmühten und abmühen, das Gegentheil zu behaupten, — aus selbstsüchtiger Absicht! Bei sich zu Hause dürfen die deutschen Unterthanen Sr. k. k. apostolischen Majestät nicht mehr Deutsche, sondern müssen Oesterreicher sein, als geb' es in der Welt eine österreichische Sprache! Giebt's doch nicht ein Mal eine österreichische Mundart! Denn das Volk im Erzherzogthum Oesterreich und in den östlichen Alpenländern unter kaiserlicher Herrschaft spricht mit baierischer Zunge, die je nach der Oertlichkeit kleine Abänderungen erleidet, wie es auf jedem Dialektgebiet vorkommt. Erinnerst Du Dich noch, liebes Weib, als wir vor einigen Jahren in Wien waren, wie Du erstauntest, als wie von diesem und jenem noch Unbekannten gefragt wurden: Wir seien wol aus Deutschland? und als ich Ja antwortete mit dem Zusatze, wir seien ja hier in Wien auch in Deutschland, wenn auch an seinem östlichen Rande, man sich opponirte und Nichts von Deutschland wissen wollte, sondern nur von Oesterreich. So hat die kaiserliche Regierung selbst in der Wiener Bevölkerung den Begriff des Deutschthums unverständiger Weise vertilgt. Kann man da noch die deutschen Länder des Kaisers von Oesterreich zu Deutschland rechnen? Hier zu Lande

ist's, Gott sei es zum Besten deutschen Bewußt=
seins gedankt, noch anders. In diesen westlich=
sten Marken des Kaiserstaats ist die Praxis Sr.
k. k. apostolischen Majestät Regierung noch nicht
durchgedrungen. Der Tyroler fühlt sich noch als
deutscher Mann, als Bestandtheil der großen
deutschen Nation, die von seinen Bergen bis an
die Küsten der nördlichen Meere ihren Wohnplatz
hat, seitdem es eine Geschichte giebt. Das Tyro=
ler Bergvolk war berühmt wegen der Anhänglich=
keit an seinen Fürsten, seinen Kaiser. Es ehrte
ihn nicht blos, es liebte ihn. Zu wiederholten
Malen hat es ihn mit Gut und Blut vertheidigt;
Tausende haben ihm und seinen Rechten ihr Leben
zum Opfer gebracht. Indem die Tyroler das thaten,
vertheidigten sie gleichzeitig ihre Freiheiten, die
vor Jahrhunderten aus der Vereinbarung zwischen
Fürst und Volk hervorgegangen waren. Wie ist
das jetzt Alles anders geworden! Die heutigen
Tyroler möchten es dem Enkel auf den Knieen
abbitten, was ihre Väter in arger Verblendung
dem Großvater zu Leibe gethan. Mit Gefühlen
wehmüthiger Eifersucht blickt der Tyroler auf sei=
nen Bruder am Abhange der Berge und auf der
Hochebene; möcht' er doch auch Theil haben an
der Freiheit, die dieser in vollem Maße genießt,

und die ihm, dem einst freiesten Bergvolk, genommen ist. Thyrols Landesverfassung war in der That sehr nahe verwandt mit den Einzelverfassungen der Eidgenossenschaft, mit dem Unterschied, daß sie eine monarchische Spitze hatte. Ohne diese wäre Thyrol die reine Republik gewesen in gemischt aristokratisch=demokratischer Form, wie sie bislang in der Schweiz gewesen. Es konnte nicht anders sein. Jede Verfassung geht aus der Denk= und Lebensweise und den Sitten des Volks hervor, und diese sind ein Product der Landesart und klimatischer Zustände. Jetzt ist Thyrol der absoluten Herrschaft kaiserlicher Bedienten verfallen, jener hochmüthigen Kaste, die da meint, nur in ihrer Thätigkeit sei die Wohlfahrt eines Volkes gegeben und gewährleistet. Mit der Landesverwaltung geht es in Oesterreich ganz eigenthümlich zu. Die Centralstellen in Wien verfügen, eine jede innerhalb ihres nicht scharf begränzten Wirkungskreises, an die Landesregierung, und diese weiter an die Unterbehörden. Nun sollte man meinen, die Anordnungen der Ministerien, von denen doch vorausgesetzt werden muß, daß sie nur des Kaisers und der Unterthanen Wohl vor Augen haben, würden sofort befolgt. Mit Nichten! erzählt man mir. Die Ministerial=Verfügung wird zu den

Akten gelegt, die Landesregierung verfügt in ihrem Sinn an die Lokalbehörde, die ihrer Seits die Regierungsverfügung auch zu den Akten schreibt und nun selbständig in ihrem Sinne Anordnungen trifft, die sie nach Umständen bald früh, bald spät zur Ausführung bringt. Mag dies Bild von der österreichischen Staatsverwaltungspraxis, das mir von mehr als einer der erfahrensten und glaubwürdigsten Personen entworfen worden ist, auch mit etwas schroffen Zügen und tiefen Schlagschatten gezeichnet sein, in den Hauptzügen ist es, wie ich nicht zweifeln darf, richtig, — leider nur zu wahr! Was kann da aus einem Reiche werden, wo Mißstände dieser Art obwalten? Und nicht genug daran, es treten noch andere hinzu, die sich ganz besonders in neuerer Zeit eingeschlichen haben: die ständig gebliebene geringe Besoldung der Beamten, die mit dem gewachsenen Preise aller Lebensbedürfnisse nicht im Verhältniß geblieben ist, ganz besonders hervorgerufen durch den außerordentlichen Mangel an Metallgeld, und das von Bach, dem Minister des Innern, eingeführte Recht der Oberbehörden, jeden mißliebig gewordenen Beamten ohne Weiteres von seiner Stelle zu entfernen. Was folgt daraus? Bestechlichkeit und das Streben des Verwaltenden, sich auf Ko=

sten des Verwalteten unrechtlicher Weise zu entschädigen und sich für die Zukunft, die ihm Nichts bietet, wenn er das Mißfallen der Oberen sich zugezogen hat, sicher zu stellen.

Als ich heute früh einen Brief auf die Post gab und die betreffende Freimarke kaufte, konnt' ich dem Beamten nur ein baierisches Zweiguldenstück geben, weil ich keine kleine Münze hatte. Der gute Mann mußte mir viel herausgeben. Er brachte zwei mächtige Rollen zum Vorschein, lauter Kupferkreuzer enthaltend. Als ich ihn bat, mich damit zu verschonen und mir wo möglich Silbermünze zu geben, erwiderte er: das werde schwer halten, doch woll' er es versuchen. Zugleich schloß er ein Schubfach auf und holte ein kleines Papiertütchen heraus, wie es in den Kramläden gebräuchlich ist. Darin hatte er seine Silberkreuzer verborgen, deren Zahl eben ausreichte. „Nun hab' ich Ihnen Alles gegeben, was an Silber in der Casse ist, sagte der Gute mit freundlichem Lächeln. Freilich sind wir angewiesen, zum Wechseln uns nur der Kupfermünze zu bedienen, allein da Sie ein Fremder sind, und es Ihnen beschwerlich sein muß, so viel Kupfer in der Tasche zu haben, so ist's ein Vergnügen für mich, eine Ausnahme zu machen. Mein Silbertütchen werd' ich mir beim Geldwechsler wieder füllen."

Da hast Du, liebes Weib, ein kleines Beispiel von dem entsetzlichen Mangel an Silber- und Metallgeld überhaupt, der in ganz Oesterreich herrscht. Auf dem Bahnhofe zu Brixlegg sah ich ein anderes Beispiel. Bauersleute, die nach Innsbruck wollten, gaben ihre Guldenscheine und mußten darauf herausbekommen. Der Einnehmer gab ihnen Kupferkreuzer, davon er einen ganzen Haufen neben sich liegen hatte.

Eine andere Schwierigkeit entspringt aus der Veränderung, die mit der Währung vorgenommen ist. Der jetzige 45 Guldenfuß theilt den Kaisergulden in 100 Kreuzer, früher war der Gulden, wie Du von Wien her weißt, in 60 Kreuzer getheilt. Die in Umlauf seienden Kupferkreuzer tragen aber noch alle das alte Gepräge, das aber nun nicht mehr den gesetzlichen Werth der Münze ausdrückt. Man muß also eine Reduction vornehmen, entweder im Kopfe, oder, wenn man im Kopfrechnen nicht sonderlich gewandt ist, auf dem Papiere. So mußte mein Postsecretair von diesem Morgen bei der Verwandlung des baierischen Guldens in Kaisergulden und der Altkreuzer in Neukreuzer lange rechnen. Daß diese Verhältnisse den kleinen Verkehr nicht allein sehr erschweren, sondern auch wirkliche Benachtheiligungen des minderbegabten Rechners durch den begabtern herbeiführen müssen, ist einleuchtend. Ueberhaupt hat jede Veränderung im Münzwesen ihre sehr bedenkliche Seite, daher die Staatsregierungen bei Unternehmungen dieser Art mit der größten Vorsicht zu Werke zu gehen haben. Im Bewußtsein des Volks eine Münzeinheit zu tilgen, an die es seit Jahrhunderten gewöhnt ist, ist ein schwieriges Ding. Haben wir im preußischen Staate doch seit beinahe vierzig Jahren die 30=Groschen=Theilung des Thalers, und doch hören wir täglich in Berlin in jedem Manufacturwaaren= und Putzladen, im kleinsten wie im größten, nur von Groschen Courant reden. Erinnere Dich, liebes Weib, wie nicht selten, wenn ich mit Dir in einen Laden gegangen, wo Du das Eine oder Andere kaufen wolltest, der Handelsmann, oder sein wohlfrisirter Commis als Preis für die Elle Cattun oder dergleichen so und so viel Groschen Courant forderte, und Du ihm, nach geschlossenem Handel, so viel Thaler und Silbergroschen aufzähltest, und er mit den Silbergroschen nicht zufrieden sein wollte, indem er meinte, er habe ja Groschen Courant gesagt, und ich ihm dann scherz=

weise mit Denunciation bei der Polizeigewalt drohte, weil er sich in einem offenen Geschäft einer längst abgeschafften statt der gesetzlichen Münze bediene. Die Macht der Gewohnheit ist stärker als die Macht des Gesetzes. Unwürdig ist es aber doch der Hauptstadt der Intelligenz, wie Berlin hochmüthig genug ist sich zu nennen, daß die Schaar ihrer edlen Ritter von der Elle so wenig geneigt ist, dem Gesetz sich zu unterwerfen.

Die Aristokratie des Landes Tyrol ist zahlreich, — man rechnet unter 245 Seelen eine adelige Seele! — und hält, obwol sie im großen Durchschnitt nichts weniger als in guten Umständen lebt, vielmehr meistentheils verarmt ist, mit außerordentlicher Zähigkeit an ihren Standesvorrechten, wie eben gegenwärtig erst wieder in der Versammlung von Vertrauensmännern, die der Kaiser zur Berathung eines neuen Landesverfassungsstatuts berufen hat, zu Tage tritt. Diese Vertrauensmänner bestehen aus Geistlichen, als Vertreter der Kirchenbegüterung, aus adeligen Herren, aus einigen Magistratspersonen der größeren Städte und aus einem Paar Abgeordneten des Bauernstandes der das eigentliche Mark des Tyroler Bergvolks bildet, sind übrigens nicht von ihren Standesgenossen gewählt, sondern kraft kaiserlicher

Gewalt von den Kreisregierungen zu Innsbruck, Brixen, Trient und der Vorarlberger zu Bregenz designirt worden. Das sind, sagt man, die Jamänner von ehemals, welche zu Allem, was ihnen der Kaiser vorlegen ließ, mit dem Kopfe nickten; unbegreiflich, so fügt man hinzu, daß man in Wien Nichts von dem Bedürfniß der vorwärtsrollenden Zeit sieht, oder, was noch schlimmer ist, es nicht sehen will. Der Tyroler spricht sich sehr freimüthig aus.

Mißheirathen in aristokratischen Kreisen, wenn ein adeliger Mann ein bürgerliches oder gar ein Land=Mädchen zum Weibe nimmt, sind streng verpönt. Der jugendliche Besitzer des Schlosses M., von dem ich in einem der an August gerichteten Briefe gesprochen habe, verliebte sich in eine Bauerntochter aus dem Zillerthal, dem die Ehre des schönsten Menschenschlages in beiden Geschlechtern gebührt, das weibliche mit Gesichtszügen von edelster Reinheit und einer Haut wie Milch und Blut, von Gestalt eine Venus, aber auch eine Juno, die aber durch unvortheilhafte Kleidung, und die, für mich entsetzliche, Sitte, die Taille bis unter die Arme hinauf zu ziehen, zu einer Mißgestalt zu werden pflegt. Des Ritters von M. Flamme fröhnte, wie viele ihrer Schwestern, diesem abscheulichen Gebrauche nicht. Er bewarb sich um die Gunst des Mädchens, fand Erhörung und heiße Gegenliebe, nicht des Standes wegen, sondern der Persönlichkeit des Bewerbers und seiner Liebenswürdigkeit halber. Er hielt um die Hand seines Mädchens an. Die Eltern verweigerten sie, und die Verwandten des jungen Ritters versagten ihre Zustimmung. Alle Argumente, wie sie jemals über Unterschied der Stände und die traurigen Folgen, die daraus im ehelichen Leben entspringen können, von dieser und von jener Seite beigebracht worden sind, wurden erschöpft, — umsonst! Der junge Herr bestand auf seinem Willen. Er und seine Geliebte traten vor den Altar! Seit sechs Monaten lebt auf Schloß M. ein überglückliches Ehepaar, aber auch ein Einsiedler, der aus dem Kreise seiner Verwandten ausgeschlossen ist und selbst von den Standesgenossen gleiches Alters gemieden wird. Noch an dem Vormittage des Tages, an dem ich von Brixlegg nach Innsbruck fuhr, war ich mit Freund M. auf Schloß M., von den glücklichen Menschen uns zu beurlauben. Bei der Gelegenheit hab' ich das junge Weibchen unter vier Augen gebeten, mir bei ihrem bald zu erwartenden Erstgebornen eine Pathenstelle zu übertragen. Mit reizend niedergeschlagenen Augen lispelte es ein leises Ja! Als ich nachher dem M. davon erzählte, meinte Der, das würde nicht angehen, sei ich doch ein Ketzer, den der ultramontane Pfarrer von ——, wohin Schloß M. eingepfarrt ist, zum Sacrament der Taufe als Zeuge nicht zulassen werde. Das Zillerthaler Bauernmädchen hat sich in ihren neuen Stand bald hineinzudenken gewußt. Frau von M. macht ihrem Hause alle Ehre. Als der Beschluß zu dem zu schließenden Ehebund bei dem Ritter unwiderruflich war, hat er seine schöne Braut zu den seinem Stande gebührenden Formen der Geselligkeit ausbilden lassen. Die junge Frau bewegt sich, obwol noch immer mit einer gewissen Schüchternheit, die sie täglich zu bewältigen sucht, in ziemlich freien Formen der mittlern Gesellschaft.

Als wir mit dem Mittagszuge von Brixlegg abfuhren, war es das ruhigste Wetter von der Welt. Kaum rührte sich eins der braungelben Blätter, mit denen in dieser Jahreszeit die Laubbäume bekleidet sind. Bald waren wir der Mündung des prächtigen Zillerthals gegenüber, in dessen fernem Hintergrund die Eishörner der Dreiherrenspitz und am Anfang der Salzburger Tauernkette ihren erhabenen Thron erbaut haben. Ein lebhafter Luftzug, der aus dem Zillerthal herabströmte, drang in die geöffneten Fenster unsers Wagens; wir mußten sie schließen. Als der Zug auf der Station bei Schwatz hielt, klapperten die Fenster, so heftig war der Wind geworden. Auf der Weiterfahrt übertönte das Geheul des gegen die lange Wagenreihe tobenden Sturms das Gerassel der Räder auf den Schienen und das grillende Geschrei der Dampfpfeife so, daß von diesem Nichts gehört wurde. Der Bahnhof bei Innsbruck ist durch einen ziemlich breiten, ganz freien Platz von der Stadt getrennt. Hüte und Mützen, Mäntel und Umschlagetücher der Frauen flogen in einem Nu in der Luft weit, weit weg; die Barhäuptigen und die Mantellosen konnten die Entfliegenden nicht wieder einholen, sie selbst wurden zum Theil niedergeworfen, unter ihnen Freund M., der doch als ein echt Tyrolisch=Alpenkind an Luftbewegungen dieser Art gewöhnt ist; auch ich war in Gefahr, niedergeschleudert zu werden; in dem Moment, wo ich sie in den Füßen fühlte, konnte ich glücklicher Weise noch einen Lattenzaun erfassen, an dem ich mir, den Münchener Schlapphut tief in die Augen gedrückt, mit beiden Händen weiter half. In den Straßen endlich angelangt, glaubt' ich an den

Häusern Schutz zu finden, da aber war die Gefahr noch viel größer. Die Dächer entleerten sich von ihren Ziegeln, und Fensterscheiben und ganze Fenster flogen auf die Straße. Wir mußten uns in der Mitte der Straße halten, Arm in Arm uns gegen die Gewalt des Sturmes stemmend. Endlich erreichten wir ein Obdach, den Oesterreichischen Hof, der uns zur Einkehr empfohlen war. Die Empfehlung hat sich bewährt. Wir hörten, daß es seit achtundvierzig Stunden so stürme, der heftigste Stoß aber eben jetzt wüthe. Niemand ließ sich in der breiten Straße sehen, Jedermann hatte sich unter Dach und Fach geflüchtet. Nach einer Stunde, als der Sturm etwas nachgelassen, kam die Nachricht, daß ein Mädchen von zehn Jahren, das sich über die Innbrücke gewagt, vom Wirbel erfaßt und über das nicht niedere Geländer in den reißenden Strom geschleudert worden sei. Rettung war unmöglich gewesen; auch die Fluthen schäumten und strudelten in fürchterlichster Aufregung. Es war 4 Uhr Nachmittags; das Himmelsgewölbe im Zenith klar, von tiefblauer Färbung; an den Bergen aber lagerten sich in den unteren Regionen graubraun aussehende Nebelbänke, die den majestätischen Formen der Felsenkolosse eine schauerliche Schattirung verliehen. Gegen Abend ließen die Lufterschütterungen allmälig nach und verschwanden endlich in der Nacht, nachdem sich die verschiedenen Temperaturen des Luftmeers in's Gleichgewicht gesetzt hatten.

Das war einer von den Föhnwirbeln, deren ich in meinen Denkblättern von 1856 erwähnt zu haben vermeine. Aber der damals im —thale erlebte Sturm war ein schwacher Wind gegen den diesjährigen, dessen Gewalt sehr wahrscheinlich nur in einem westindischen Orkan ihr Gleiches hat. Man erzählte mir, daß ein Sturm von dieser Gewalt und Dauer seit Menschengedenken nicht vorgekommen sei. Die erste schwache Spur von ihm empfanden wir an der Mündung des Zillerthals, die zweite stärkere bei Schwatz. Das Zillerthal ist aber von Innsbruck 5, und Schwatz von eben dieser Stadt 3½ Meilen entfernt. Angenommen, die Axe des Wirbels habe im Meridian von Innsbruck gelegen, so hatte die Längenzone, innerhalb deren die Luft in der Richtung von Süden nach Norden wirbelnd fortgeschleudert wurde, eine Ausdehnung von mindestens zehn deutschen Meilen, die eben nicht groß ist, daher zu vermuthen steht, daß die Axe noch viel weiter abendwärts gelegen hat. Die näheren Nachrichten über die Verbreitung dieses furchtbaren Luftbebens muß ich abwarten.

Sei so freundlich, theure Marie, diese Skizze einer Beschreibung des heurigen Föhnwirbels unserm lieben August mitzutheilen. Als kleiner Beitrag zur Meteorologie wird sie ihm vielleicht von Interesse sein.

Soll ich Dir nun noch erzählen von der Naturbeschaffenheit des Unterinnthals von Brixlegg aufwärts? Um dieses Thal ganz kennen zu lernen und zu bewundern, muß man den Apostelstab in die Hand nehmen. Bei der jetzigen Art der Fortbewegung fliegen die Prachtgemälde der Landschaft an Einem vorüber, wie Schattenbilder an der Wand; nicht möglich ist es, die mit jedem Augenblick zur Linken und zur Rechten wechselnden Bilder zu erfassen; in dieser Minute glaubt man im Stande zu sein, das Auge ruhen zu lassen auf den wunderbaren Gestaltungen des Bergabhangs, der neben uns liegt, in der nächst folgenden Minute erhascht es ein anderes Bild, in dessen Vordergrund auf steilem Felseneiland mitten im Thal, oder auf einem Vorsprung der riesigen Thalwand die Ruinen einer Ritterburg, oder auch das noch bewohnte Schloß eines Edeln des Landes, als Baudenkmal verflossener Jahrhunderte, in malerischer Lage erscheint; bald glaubt man von den Trümmern einer den Einsturz drohenden, überhangenden Felsenmauer, unter der die Eisenbahn eine lange Strecke fortläuft, begraben zu werden, bald in den Fluthen des reißenden Innstroms, längs dessen Steilufers der Dampfwagen fortbraust, ein nasses Grab zu finden. Nicht aufhören könnt' ich mit Aufzählung all' dieses Wirrwarrs von Eindrücken, und dennoch nicht auf den Standpunkt gelangen, mir selbst Rechenschaft zu geben, was ich gesehen, oder gesehen zu haben glaube, noch viel weniger bin ich im Stande, meinem geliebten Weibe auch nur eine annähernd richtige Beschreibung von Dem vorzulegen, was wie in einer Laterna magica an mir vorübergeflogen ist. Das sind Schattenseiten der eisernen Wege und des Feuerrosses; alle Poesie des Reisens, so weit sie das Landschaftliche im Herzen trägt, ist in's Grab gelegt.

Denke Dir, liebes Weib, die Neue-Friedrichsstraße in Berlin noch etwas mehr gekrümmt, als sie ist, und stelle Dir vor, sie wäre an einer Stelle eine halbe, und an einer andern eine Viertelstunde breit, und so abwechselnd, die Häuser aber bald hoch, bald niedrig, wären sieben- bis neuntausend Mal höher, als sie sind, so kannst

Du Dir vom Unterinnthale nach seiner wagerechten, und von den dasselbe umfassenden Bergen nach ihrer senkrechten Ausdehnung einen ungefähren Begriff machen. Auf der linken oder nördlichen Seite des Thals steigt die Kette der Kalkalpen mit den wunderbarsten Formen an ihren Gipfeln unmittelbar aus dem Thalboden empor; auf der rechten oder südlichen Seite dagegen, wo die Berge aus anderen Gebirgsarten bestehen, die vielfach mit einander zu kreuzen scheinen, ist ein Mittelgebirge vorgelagert, welches einen Wechsel der Formen in der Oberfläche darbietet, der nicht reizender gedacht werden kann und dem Landschafter eine Fülle von Bildern entfaltet, die selbst in den berühmtesten Thälern der Schweizeralpen kaum schöner gefunden werden. Du weißt, ich war nie in der Schweiz, allein Freund M., der sie vom Anfang bis zu Ende durchlaufen ist, versichert, das Innthal verdiene, wenn blos Thalbildungen in's Auge gefaßt würden, unbedingt den Preis. Ich gedachte der Seespiegel der Schweiz, die doch auch zu den Thalbildungen gehören. Da hast Du recht, erwiderte er; ein solcher fehlt hier in unserm Thale, und kann durch den Innstrom, wie breit er und wie schön sein Wasserspiegel auch ist, nicht ersetzt werden. Wir fuhren eben dicht längs seines linken Ufers. Denke Dir, theuere Marie, zu den manchfaltigen Formen des Starren nun noch die Pflanzenbekleidung, wie sie vom Thalboden aufwärts bis zu der Region, wo alle Vegetation ihr Ende erreicht, in beständigem Wechsel der Farben, vom lichtesten Grün der Thal= und Bergwiesen durch das in gegenwärtiger Jahreszeit bräunliche, doch aber stellenweise noch dunkelgrüne Colorit der Laubwälder bis zu den ewig grünschwarzen Fichten= und den schwarzgrünen Tannenwäldern, untermischt mit dem hellern Grün des prachtvollen Lärchenbaums, Schattirungen über Schattirungen bildend, an denen Du Naturstudien für Deine Tapisseriearbeiten machen könntest, so machst Du Dir einen weitern ungefähren Begriff von der Großartigkeit und der, das ästhetisch empfindende Auge entzückenden, Lieblichkeit, welche die Natur bei Erschaffung dieses Thals und seiner Gefilde, ich möchte sagen, in Uebermaß entwickelt hat. Und zu alle Dem mußt Du Dir endlich noch jene schauerlich anzusehende Erscheinung denken, von der ich in meinen Denkblättern von 1856 gesprochen habe, und die auch hier im Innthale in großer Menge wahrgenommen wird; ich meine die Muren oder Steinlauinen, welche hoch oben an den Jöchern durch das Herab=

stürzen von Stein= und Schuttmassen entstehen. Bald als schmale Rinne, bald als breites Bett strömen sie in die Thäler hinab, entweder durch eigene Schwere dem Gesetz des Fallens folgend, oder weil ein anderer äußerer Anstoß sie in Bewegung setzt, Alles mit sich fortreißend, was in ihrer Bahn liegt, Felsstücke, Erde, Baumstämme, Sennhütten und Asten, wie nach Freund M.'s Erklärung die Sennereien der Voralpen genannt werden, zu denen das Vieh im Frühjahr zuerst aufgetrieben wird.

Zwischen Brixlegg und Innsbruck sind vier Eisenbahnstationen; sie liegen alle auf dem linken Ufer des Inns, der bei Brixlegg auf einer prachtvollen Brücke überschritten wird. Die erste Station ist bei Innbach, einem ansehnlichen Dorfe, mit sehr bedeutenden Eisenwerken, wie M. sagt: Eisengießerei, Drahtzüge, Stahlfabrik, Sensenschmieden, auch Weißfarbefabrik, in der Schwarzspath den Stoff hergiebt; Alles theils Staats=, theils Privatbetrieb. Bald sieht man die Burg Tratzberg, die zuerst den Gaugrafen des Innthals gehörte, von denen sie an die Landesfürsten überging. König Heinrich von Böhmen verschrieb sie 1306 seiner ersten Gemahlin zum Wittwengute. Die österreichischen Herzöge überließen sie den

Freundsbergern, aus deren Händen sie an Friedrich mit der leeren Tasche überging. Dieser verkaufte sie an die Familie Tänzel, welche dadurch in den Ritterstand erhoben wurde. Tänzel ließ Tratzberg prächtig herstellen; 365 Fenster mit schönster Aussicht und eine Waffenkammer schmückten den Bau. Dem ausgestorbenen Geschlecht der Tänzel folgten die Fugger, die Halden; jetzt sind die Grafen Tannenberg im Besitz. So sagt Schaubach 1845 in seinem vortrefflichen Deutschalpenbuch, das ich bei mir führe; und gegenwärtig sind die Grafen Enzenberg die Besitzer.

Freund M. macht mich auf einen alten grauen Thurm aufmerksam, der auf waldumkränzter Höhe emporragt. Er ist der letzte Rest der Burgruine von Freundsberg, der Sage nach schon 200 Jahre vor Christi Geburt erbaut! Der Glaube soll selig machen! Ich traue der Sage nicht. Neben dem Thurm steht eine Kapelle. Das Geschlecht der Freundsberge gehörte zu den ältesten des Landes Tyrol. Sie waren Dienstmannen der Andechser, besonders Berchtold's II., der Innsbruck erbaute. Durch Heirath kamen die Freundsberge aus Tyrol nach Mindelheim in Schwaben, wo ihr Geschlecht gegen das Ende des 16. Jahrhunderts erloschen ist. Georg von Freundsberg war der berühmteste seines Geschlechts, als Feldherr unter Maximilian I. und Karl V., als Verbesserer des Kriegswesens, als Einführer der Landsknechte, die der Anfang der stehenden Heere gewesen sind.

Wir hielten bei Schwaz, ein Name, den Du, liebe Marie, nicht kurz, sondern lang gedehnt, mit einem doppelten a und einem einfachen z aussprechen mußt. Der Ort liegt auf dem rechten Ufer des Stroms. Er war seit Anfang des 15. Jahrhunderts, als im nahen Falkenstein, unterm Schutz und Schirm des Stammschlosses der Freundsberge Silber= und Kupfergänge entdeckt worden waren, das Eldorado, das Californien, das Australien des deutschen Vaterlandes. Hier wurden Millionen Mark Silber und Milliarden Pfund Kupfer gewonnen, und 30,000 Knappen arbeiteten in den Schwazer Gruben, als diese im Zenith ihrer Blüthe standen. Viele Familien in Tyrol und in Deutschland überhaupt, die wegen ihres Reichthums großen Ruf hatten und theilweise noch haben, verdankten denselben den hiesigen Gruben; die Fugger z. B. hatten aus dem Betrieb derselben ein jährliches Einkommen von 200,000 Gulden. Schwaz übertraf an Reichthum alle Städte Tyrols. Jetzt und seit lange ist der Bergsegen erloschen. Wird er an einer andern Stelle Tyrols, für die vor einigen Jahren bei uns Actien-Unterzeichnungen gesammelt wurden, wieder aufblühen? Schwatz sieht mit seinen weitläufig gebauten, weißbetünchten Häusern ganz gut aus. Die Stadt, davon ein Theil, die Knappei genannt, von Nachkommen der ehemaligen Bergknappen bewohnt ist, ist kaum funfzig Jahre alt; denn sie wurde im Kriege von 1809 vom baierischen Heerführer Wrede am 15. Mai, nach heldenmüthiger Vertheidigung der Tyroler, denen 500 Mann kaiserlicher Fußvölker und 30 Reiter beistanden, erstürmt, dann geplündert und zuletzt in Asche gelegt. War vorher der Ingrimm des Tyroler Bergvolks groß, so war die Zerstörung von Schwatz der Sturmwind, welcher die hier und da nur glimmende Gluth zur furchtbarsten Racheflamme anfachte. So sagt Schaubach, und Freund M., der jene Zeit als Knabe durchlebt, bestätigt es. Was aber war, außer der alten Liebe und Anhänglichkeit an das Haus Oesterreich, und außer den Aufhetzungen und Aufstachelungen zur Rebellion, die von Wien aus erfolgten, die Ursache, daß das Tyroler Bergvolk die Waffen ergriff gegen seinen rechtmäßigen Fürsten, den König Max Joseph von Baiern? Der Unverstand des Ministers Montgelas war es, der die alte Verfassung von Tyrol mit einem Feder=

strich für erloschen erklärte, der das Kirchen= und
das Klostergut angriff und zu Staatsgut machte,
der die Jugend ohne Ansehen der Person in den
baierischen Soldatenrock steckte, um sie für die
Ehrsucht des Corsen auf den Schlachtfeldern hin=
morden zu lassen; die Brutalität der Beamten
war es, welche Montgelas aus altbaierischen Lan=
den in die Berge entsandte, dort im Namen des
Königs neue Gesetze zu vollziehen, die der Denk=
weise und den Sitten des Bergvolks völlig fremd,
mit empörender Willkür zur Ausführung gebracht
wurden. So entspann sich der Widerstand, von
dem schon das Jahr vorher mehr als ein Mal
Spuren zum Vorschein gekommen waren.

Hat eine Beamtenwirthschaft, die, wie es tief
in der Menschenbrust ruht, bald mehr, bald minder,
nach Eigenwillen, Herrschaft und Willkür gedrängt
wird, jemals Unheil angerichtet, so hat sie es hier
in Tyrol vor funfzig Jahren in einem Umfange
gethan, davon leise Klänge noch heute im Bewußt=
sein der Kinder und Kindeskinder der damaligen
Freiheitskämpfer nachzittern. Montgelas scheint
bei Bezwingung des Tyroler Aufstandes von 1809,
nach den Einflüsterungen seines Protectors im
modernen Sodom, eine von den Maximen Mac=
chiavell's zur Richtschnur gewählt zu haben; und

zwar diejenige, welche der tiefdenkende und scharf=
sinnige Florentiner in die Worte faßt: „Wer
eine freie Stadt erobert hat, dem bleibt kein sicheres
Mittel, sie zu behalten, als sie zu zerstören, oder
ihre Einwohner zu erneuern; denn keine Wohl=
that des Souverains wird sie ihre verlorene Frei=
heit vergessen lassen."

Wie aber, trotz jener Nachklänge, das Tyroler
Bergvolk gegenwärtig gesinnt ist, wohin es seine
Blicke seit Jahren schon sehnsuchtsvoll richtet, um
der Freiheit der Nachbarn auch theilhaftig zu
werden, das, liebes Weib, hab' ich in meinen
Brixlegger Briefen an August näher angedeutet.

Von Schwatz kommt man über die Station
Fritzens in einer österreichischen Eisenbahnstunde
nach der zwei Meilen entfernten Station Hall.
Warum so langsam gefahren wird, ist nicht ein=
zusehen. Hall ist, wie bereits der Name sagt, die
Salinenstadt, die sich auch schon von Weitem durch
Rauchsäulen der Feueressen verkündet, die bei ru=
higem Wetter senkrecht emporwirbeln. Wir sahen
das nicht; im Föhnsturm breitete sich der Rauch
über das ganze Thal aus und bedeckte Stadt und
Bahnhof mit seiner brenzlichen Nebeldecke. Auf
der Nordseite des Ortes erhebt sich im bunten
Sandstein der Alpen, der untern Triasgruppe,

mit seinem stockförmig auftretenden Salzthon und seinen Steinsalzmassen der Salzberg, an ihm die Wasserstollen 3370 Fuß über dem Thalboden. Hier werden die sogenannten Werksätze ausgehauen, große Räume, die, mit Wasser gefüllt, die Bestimmung haben, das anstehende Salz aufzulösen. Gesättigt ist das Wasser, wenn sich in 100 Pfund Wasser 26 Pfund Salz aufgelöst haben. Die so entstandene Salzsohle, die man hier Sur nennt, wird in hölzernen Röhren nach Hall geleitet und dort versotten. Ehemals wurden auf diese Weise täglich 1000 Centner Salz gewonnen. Jetzt, wenn auch noch eben so viel erzeugt werden kann, wird wegen der Handelssperre um ein Drittel weniger verfertigt. Nur Tyrol und das Engadin werden damit versehen. Der jährliche Gewinn beträgt 60,000 Fl. Conv.-Münze. In Hall, im alten Münzthurm, ließ Andreas Hofer, als er für kurze Zeit die Regierung des Landes führte, Geld schlagen, die sogenannten Sandwirthszwanziger, die in Münzsammlungen schon jetzt zu den größten Seltenheiten gehören.

Schau da hinaus, sagte Freund M., indem er mittagwärts zeigte. Siehest Du da hoch oben auf der grünen Matte, in der ansteigenden Vorstufe im Schatten des gelben Laubes und des schwarz=

dunkeln Tannenwaldes die hellen Häuser herab=
blinken? Sieh, wie eben ein Sonnenstrahl sie be=
leuchtet und sie hervortreten aus dem, im Schat=
ten einer Wolke liegenden, Hintergrunde des him=
melanstrebenden Bergjochs. — Ich sehe die Häu=
ser, sagt' ich. — In einem dieser Häuser stand
Joseph Speckbacher's Wiege, dort in Rinn wurde
der mannhafteste, der tapferste unter den Freiheits=
kämpfern von 1809, der Odysseus dieses Kampfes,
im Jahre 1768 geboren. Die Gebeine des „Man=
nes von Rinn," wie Georg Mayr den Speck=
bacher in der geistvoll geschriebenen Lebensbe=
schreibung genannt hat, ruhen hier unten auf dem
Friedhofe von Hall; an der Wand der Pfarrkirche
ist ihm ein einfacher Denkstein gesetzt worden.

Und blicke dahin, fuhr M. fort, blicke nach
Südwesten. Das ist das Schloß Ambras, in dessen
Prunkgemächern einst der Fuß der schönen Phi=
lippine Welser, des Patriziers Tochter aus Augs=
burg, wandelte, mit der der Sohn Kaiser Ferdi=
nand's I. hier ein langes, glückliches Eheleben
führte, bis die Gruft in der silbernen Kapelle der
Hofkirche zu Innsbruck sie von Neuem im Todes=
schlaf vereinigte. Man zeigt da oben noch das
Badestübchen, in welchem, der Sage nach, Philip=
pinen die Adern geöffnet wurden und sie ihren

Geist aufgab; auch das Bogenfenster im Tafel-
saal, in welchem einst Wallenstein, noch als Edel-
knabe Albrecht's von Burgau, einschlief, und, in
seinem jähen Fall die heilige Jungfrau anflehend,
unverletzt auf das Pflaster des Hofes hinabstürzte.
Die großen Sammlungen zur Kunst und Förde-
rung der Gelehrsamkeit, welche Ferdinand II., vom
geläuterten Geschmack seiner Gemahlin Philippine,
und von dem Vermögen seines Schwiegerva-
ters, des reichen Welser, unterstützt, auf Ambras
gründete, sind im Jahre 1806 nach Wien geschafft
worden, man sagt, um sie den habgierigen Krallen
der Fremdlinge zu entreißen. Hat König Max
Joseph von Baiern habgierige Krallen gehabt?
Die Sache ist die, daß Kaiser Franz von Oesterreich, als er die gefürstete Grafschaft Tyrol im
Preßburger Frieden an Baiern abgetreten hatte,
die Sammlungen auf dem Schlosse Ambras nicht
als Landeseigenthum, sondern als Familiengut
betrachtete und dies erweisen konnte, von Ueber-
lassung beweglichen Familienguts im Friedens-
vertrag aber nicht die Rede gewesen war, was der
neue Landesherr anzuerkennen nicht anstehen konnte.

Ich erinnere Dich, geliebte Marie, an den
Hochgenuß, den Du hattest, als wir im Belvedere
zu Wien die Ambraser Sammlung sahen.

Die Eisenbahn bleibt bis dicht vor Innsbruck auf dem linken Ufer des Inns, dann aber wendet sie sich in einem großen Bogen auf das rechte Ufer vermittelst eines Viaducts, der das breite Thal und den Strom überbrückt, dessen reißende Fluth gegen die mächtigen Pfeiler der Brücke schäumende Wellen schlägt.

Wirst Du, Herzens-Marie, nicht Langeweile empfinden oder empfunden haben, wenn ich Dir zumuthete, Dinge noch ein Mal zu lesen, die Du vorher schon irgend anderswo gelesen haben magst? Im Schaubach hast Du sie nicht gelesen, das weiß ich; vielleicht beim Beda Weber, in seinem trefflichen Buche von Tyrol.

Ueber all' die Wiederholungen und all' das — Geschwätz, was ich Dir keck aufbürde, hab' ich zu erwähnen vergessen, daß der Vorsatz, von dem ich in einem meiner Briefe an August gesprochen, ausgeführt worden ist, nämlich von Brixlegg aus den Baron Joseph von Y. zu besuchen. Ich fand das Schloß — ohne seine Bewohner; selbst der alte Andreas, der wackere Burghüter, war nicht da; er hatte den Baron begleitet. Die übrige Dienerschaft war seit 1856 eine ganz neue geworden: Keiner kannte mich und Niemand konnte mir über die Begebenheiten der letzten drei Jahre Aus=

kunft geben. Ich durchlief rasch die Gemächer des
Schlosses. Vieles darin hatte sich geändert; die
Ausschmückung war zum größten Theil eine an=
dere geworden; ich sah wenig mehr von der Uep=
pigkeit, die sonst darin herrschte. Ich übernachtete
im Dorfe. Auch der Pfarrer war nicht mehr am
Orte. Der Wirth, der sich meiner erinnerte, wollte
nicht mit der Sprache heraus, wohin der Burg=
kaplan gekommen sei.

Am andern Morgen machte ich mich früh auf,
um Brixlegg wo möglich an einem Tage zu er=
reichen. Es ist mir gelungen; aber mit großen
Mühseligkeiten und selbst Gefahren beim Ueber=
steigen der steilsten Bergpässe. Hinwärts hatte ich
einen andern Weg durch die Thäler genommen,
auf dem ich zwei ganze Tage gebrauchte. Baron
Joseph hat hierher an mich geschrieben. Ich lege
seinen klagenden Brief bei. Was er mir in Mün=
chen erzählen will, kenn' ich in seinen Prämissen;
das Ende aber der Geschichte sagt schon der Brief
mit wenig Worten; das Ende ist: der Ehebund
der Burgfrau Agnes und des Barons A.— Ob
er zum Heil Beider ausschlagen wird? Begierig
bin ich, zu erfahren, was aus dem Pfaffen ge=
worden ist. Und Mathilde von Z.?

In den Zeitungen wirst Du von dem feier=

lichen Empfange gelesen haben, welcher dem Erzherzog Ludwig bei der Rückkehr in seine Statthalterschaft Tyrol bereitet worden ist. Mit geziemender Hochachtung vor dem Bruder des Kaisers Franz Joseph und mit unüberwindlicher Ehrfurcht vor alle Dem, was nach Legitimität und verwandten Dingen riecht und schmeckt, hat die einheimische Presse und die österreich=freundliche Deutschlands die Empfangsfeierlichkeiten weit über die Wirklichkeit hinaus geschildert; das Wahre aber an der Sache ist, daß die Eisenbahnverwaltung die Anordnung getroffen hatte, die Locomotive, welche den erzherzoglichen Zug nach Innsbruck heraufbrachte, mit Laubgewinden zu verzieren, und eben so die Empfangshäuser auf jeder Station, besonders den hiesigen Bahnhof, woselbst der Erzherzog von den Spitzen der kaiserlichen und der Stadt=Behörden bewillkommnet worden ist. Von einer freudigen Theilnahme der Bevölkerung, die die Zeitungen von ihren Bergen herabsteigen und längs der Eisenbahn sich aufstellen lassen zur Begrüßung des Erzherzogs, weiß man im Innthale nicht das Mindeste!

Lebe wohl, mein geliebtes Weib! Wenn ich an alles Frauenwesens höchstes Muster denke, durchbebt ein geistiger Strahl meine Seele, und

der Gedanke an Dich erfüllt sie hier wie dort, ewig und immerdar. Gedenke auch Du
Deines getreuen
Karl.

41.

Innsbruck, 6. Novbr. 1859.

Herzens=Marie!

Was soll ich Dir erzählen von dieser Haupt=
stadt des Landes Tyrol, das man sonst eine ge=
fürstete Grafschaft nannte des deutschen Reichs,
jetzt aber ein Kronland der österreichischen Kaiser=
monarchie nennt, seitdem mit dem Untergange des
heiligen Römischen Reichs deutscher Nation auch
die Vasallen desselben, die Grafen, gefürstete und
ungefürstete, die Gränz= und Burggrafen, die
Fürsten und die Herzöge und die kurenden Fürsten
alle sammt und sonders den Weg alles Fleisches
gegangen sind; und seitdem Franz Joseph von
Oesterreich auf den Rath eines Schwarzenberg,
eines Bach und anderer Leute in Wien vor zehn

Jahren den Versuch gemacht, aus der Vielheit seiner Erbstaaten und dem bunten Nationalitätsgewirr ihrer Bewohner die Einheit und Ein Volk zu bilden, was zur Zeit nicht gelungen ist. Das aber war zu erwarten, theils weil das Unternehmen der Natur der Dinge widerspricht, theils weil Mißgriffe in der Wahl der Mittel hervorgetreten sind, vermöge deren man den prekären Versuch zur Ausführung bringen wollte.

Großartig und über alles gewöhnliche Maß erhaben ist die Aufgabe, die das deutsche Volk zu lösen hat. Aufgegangen ist seinem erwachten Bewußtsein die Morgenröthe des Strebens nach Einheit, damals, als die Frankfurter Paulskirche der deutschen Gesammtnation erwählte Vertreter versammelt sah, als das deutsche Volk der ihm von Gottes Gnaden verliehenen, ihm so lange vorenthaltenen Menschen= und Volksrechte sich bemächtigte, und es ihm klar vor die Seele getreten war, daß im eigenen Schooß die oberste Bestimmung über sich selbst beruhet, das, was man Volksoberhoheitsrecht (Souverainetät) nennt, kraft dessen ihm allein die Befugniß zusteht, seine gesellschaftlichen Zustände und deren Verfassung zu ordnen. Noch ein Mal war's sein Wille, sich vor einer Krone zu beugen, vor der, unter göttlicher Ein=

gebung — wer will dran zweifeln? — neugeschaffenen deutschen Kaiserkrone, die groß und gewaltig sein sollte zur Verherrlichung einer Ehrfurcht gebietenden Fürstengewalt, die dem deutschen Volk die Machtstellung wieder schaffen konnte, die ihm schmachvoll aus der Hand gewunden worden ist, aber auch auf lange Zeit hinaus den Kreis der Unterfürsten mit jenem Glanz und Ansehen bekleidet hätte, dessen er unter der Herrschaft von Selbst- und Eifersucht in einer Weise entbehrt, daß deutsche Kleinstaaterei zum Gespött fremder Nationen geworden ist.

Wer leidet darunter? Der verachtete Deutsche, der im Auslande kein Vaterland hat; der Fürst, der keinen Abend mit Seelenruhe zur — Ruhe geht, weil ihn die Furcht erfüllt, im Strahl der nächsten Morgensonne werde er nicht mehr als allmächtiger, unüberwindlicher souverainer Herr erglänzen!

Lerne er Selbstgenügsamkeit, an der Zeit ist es, und noch ist es Zeit; der deutsche Mann aber, er wird sich Achtung verschaffen, wenn nicht heut', doch morgen, er muß es, will er nicht das Verbrechen des Selbstmords begehen.

Was ist unterhaltender, als Geschichtelesen? Aber des Geschichtelesens Bestimmung geht weit hinaus über Unterhaltung. Die Geschichte ist die Erziehlehre des Menschen und seiner Gesellschaften; sie ist die Hochschule der Staatsklugheit und Staatsweisheit, sie giebt ihr Fingerzeige, die nicht trefflicher erdacht werden können, und bereichert die öffentliche Moral mit den nützlichsten Lehren.

Wäre Kenntniß der Geschichte auch allen übrigen Menschen überflüssig, oder wäre sie ihnen gar unnütz, eine Klasse von Menschen giebt es, die Geschichte lesen muß, die Klasse der — Fürsten!

Bejammernswerth aber ist die Art und Weise, wie in den Kreisen dieser Menschenklasse das Geschichtelesen getrieben wird; mit vorgefaßten Meinungen werden die Begebenheiten, die Geschlechter zertraten, und große Gesellschaften, Staaten und Reiche zerstörten und in Trümmer legten, nach ideellen — Schablonen zugeschnitten und zurechtgelegt, je nach dem Geschmack, auch dem Fassungsvermögen des Lesenden, und mit Widerwillen, ja mit einem Anflug von Verachtung und Abscheu stößt er, als seiner fürstlichen Hoheit unwürdig, die Geschichte von sich, welche die großen Bewegungen der Menschheit schildert, wie sie, dem Gesetz der Nothwendigkeit unterthan, in der wirklichen Welt gewesen sind. Will man es denn nicht mehr wissen, daß, als vor vierundvierzig Jahren die deutsche Bundesacte zu Stande gekommen war, die Urheber selbst ihr Werk für mangelhaft erklärten, übereilt im Drange der Noth (am Vorabend des Tages, wo der Donner des schweren Geschützes an den Ufern der Sambre die wallonische Erde erdröhnen machte) und künftiger Ausbildung vorbehalten! Ein Drittel=Jahrhundert ist dieser Erklärung uneingedenk gewesen, ein zweites, ein drittes Mal, das Volk wird sie in Erinnerung bringen!

Fürsten und Helden kennt unsre Zeit nur auf den Brettern, wo sie hier und da von diesem oder jenem begabten Comödianten vortrefflich gespielt werden; von der Schaubühne des deutschen Staatslebens sind sie spurlos verschwunden. Ein Geschlecht kleiner Menschen ist es, das die deutsche Erde bevölkert, von oben durch alle Schichten bis zur untersten, die vom alten, finstern Kastengeist mit verdoppeltem Hochmuth getreten wird, und — duldsam sich treten läßt, für die Schmach Entschädigung suchend und findend im Reich der fessellosen Einbildungskraft, von der sich die Müden und Matten Bilder über Bilder der genußsuchenden und genießenden Spießbürgerlichkeit vorgaukeln lassen, die ihnen als Gipfel gemüthlichsten Menschenthums und wohlhäbigsten Bürgerthums gilt.

Sind aber Alle Pygmäen, sind Alle Spieß=
bürger und Kirchthurmspolitiker? Sollte unter
den vierzig Millionen deutscher Zwerge nicht Ein
Riese sein an geistiger und Willens=Kraft? Haben
die Franzosen ihren Mann gefunden, warum
sollte nicht auch das deutsche Volk, das große, seinen
rechten Mann finden, der dem Geschick, das auf
Deutschlands Gaue wie ein Alp drückt, gewachsen
ist, der des Vaterlandes zerbröckeltes Sein zu=
sammenfassen und es zum einheitlichen Körper
verkitten wird, dem er neues Leben und Wirken
einhaucht, nicht mit rücksichtsvoller Zartheit, die
wol möchte, aber nicht den Muth hat zu können;
nein, mit rücksichtsloser Derbheit, die da will, —
die da auch kann, und Nichts weiß von der lächer=
lichsten Selbsttäuschung über eigenen Werth und
Stellung, die alle Romantik bei Seite thut und
theatralische Lindenaufzüge mit Banner und Herold
vorne als unwürdige Kunstreiterstückchen verachtet,
mit festem Blick das Ziel im Aug', nicht schmei=
chelnd nach rechts, nicht liebäugelnd nach links,
wol aber, wenn's Noth thut, statt der Feder den
Flamberg mit kräftiger Faust führend, dem Schwer=
ter und Büchsen millionenweis zuströmen werden,
wenn's gilt, — auch aus diesem Hochlande
Tyrol!

Unter uns Deutschen wird wol noch mehr als Ein Riese sein! Ich glaube mich nicht zu irren, wenn ich Dir, mein liebes Weib, einen bezeichne, den auch Du kennst, da er fast täglich an unserm Tusculum vorüber geht, reitet oder fährt, mit der schönen Frauen einer der schönsten am Arm (Du Marie bist mir die schönste!) und dem lieblichsten Töchterchen an der Hand. Ihm, diesem Manne in der vollsten Jugendkraft, dessen Namen ich nicht zu nennen brauche, der von Geblüt väterlicher Seits dem größten Fürsten des 18. Jahrhunderts und mütterlicher Seits der größten Frau auf dem größten Throne der Welt entsprossen ist, dem also die Legitimität zur Seite steht, wenn man's für recht und billig hält, sie mit dem Begriff der Legalität nach wieder erwachten Volksbewußtsein zu verknüpfen, diesem Cavalier vom Scheitel bis zur Zehenspitze, diesem jugendlichen Ritter ohne Furcht und Tadel, der im Kreise seiner herzigen Familie unthätig an der Obula Ufer weilt, ihm glaub' ich Geist, Willenskraft und den Muth zutrauen zu dürfen, der erforderlich ist, "sich den Purpur Karl's des Großen um die Schultern zu werfen?"

Wiederum hab' ich mich von der übeln Gewohnheit hinreißen lassen, von Dingen zu reden

oder zu — schwatzen, die ganz fremd sind der
Aufgabe, die Dein lieber, hier vorgefundener,
Brief mir gestellt hat. Doch, wovon das Herz
voll ist, davon geht der Mund über, sagt das
Sprüchwort, und mein Herz ist voll, wie das Deinige,
von der Größe des Vaterlandes, von dem Wünschen
und Sehnen nach Entfaltung seiner Macht, die
nur Ein Wille Eines Mannes erringen kann.

„An einer der schönsten Stellen des prächtigen
Unterinnthals, zu beiden Seiten des mächtigen,
rauschenden Innstroms, mitten zwischen herrlichen
Feldern, zwischen blühenden, von Landsitzen, Dörfern
und Schlössern und Burgen übersäeten, in allen
Formen niedersteigenden Mittelgebirgen liegt Inns=
bruck, die Hauptstadt Tyrols. Im Süden erhebt sich
das grüne Urgebirg, im Norden die zackige, grau=
gelbe Mauer des Solstein, eine der höchsten
Spitzen der Kalkalpen, über 9000 Fuß, der steil
in Riesenstufen in das Innthal und gegen die
Stadt abstürzt, die beiden Dolomitpyramiden der
Rockspitze und der Waldrasterspitze und die grüne
Kuppel des Patscherkofls grüßend, welche aus dem
Grün und dem Laub der südlichen Voralpen wie
drei Riesen, von 7900 Fuß bis 8800 Fuß Höhe, em=
porstarren. Links vom hellgrünen Inn bauen sich die
mittelalterliche Häuserreihe von St. Nikolaus, und

auf der rechten Seite des Stroms die Altstadt mit ihren eckigen Erkern und spitzigen Giebeln, und die eleganten, modernen Häuser der Neustadt als Vertreter von sechs Jahrhunderten um viele Klöster, Kirchen und Paläste herum auf, nach Norden zu immer von den graugelben Kalkmassen des Solsteins überragt, welche wie kolossale Schatten in immenser Höhe auf dem blauen Wolkenhintergrunde zu lagern scheinen."

So schildert der neueste der Touristenführer, Gustav Rasch, ein Berlinischkind oder wenigstens ein Berlinwohnender, in tüchtig=kecken, wiewol mit zu viel fremdwörterlichem Kram verunzierten Zügen die Lage von Innsbruck in seinem an Schaubach's Hand, vorzüglich abgefaßten Buche, womit ich in München meine Reisebibliothek bereichert habe. Es ist im vorigen Jahre bei dem, von der Berliner Modezeitung her Deinem Evangelium für schöne Weibertracht, Dir wohlbekannten Otto Janke erschienen. Für die Thäler der Fjelregion, die von so wunderbarer und großartiger Schönheit, wie sie nur die ganze Hochgebirgswelt der Alpen aufzuweisen hat, nimmt Gustav Rasch wol ein wenig zu — rasch das Recht der Entdeckung für Europa in Anspruch. „Sie sind", sagt er, „in Europa bis jetzt ganz unbe=

kannt; auch Schaubach, Hoppe, Sonklar und die Gebrüder Schlagintweit, die berühmten Ersteiger des Großglockner, haben sie übersehen." Mag es sein, aber Adolf Schlagintweit, der Liebenswürdige, der im Kampfe für Erweiterung der Natur- und Erdkunde gefallen, dessen Gebeine im fernsten Morgenlande in nackter Türkenerde modern oder an deren Oberfläche bleichen, hatte mit seinem gleich liebenswürdigen Bruder Hermann in den Alpen andere, höhere Zwecke zu verfolgen, als Thatsachen zu sammeln zur Abfassung eines Touristenbuchs. Eine Abart davon wollen freilich jetzt Hermann und Robert Schlagintweit (Letzterer der Entdecker des Kaisergebirgs bei Kufstein) von der Indischen Welt schreiben. Damit werden sie „ein Bedürfniß decken" (!), denn „eine Tour durch Indien" wird bald auch für den Continental-Europäer nicht mehr zu umgehen sein, will er sonst ein Mann von Welt bleiben und die Fähigkeit behalten, in guter Gesellschaft das Wort mitzuführen. Nach dem Hohen strebt der Mensch, mit Recht! In der physischen Welt sind aber die europäischen Weißberge, so sagt man, niedrig, klein, schmal, schmächtig; also hinüber nach dem Gefild, wie aus dem Kelch der Lotosblüthe der Himalaja, dieser Schneesitz, emporstieg zu einer

Himmelsnähe, welche die der Alpen um's Doppelte übertrifft. Nicht eines Suezkanals bedarf der Himalajawanderer; rascher und sicherer geht's auf der Eisenbahnstraße von Alexandrien nach der Stelle, wo die Juden auf der Wanderung nach dem Lande der Verheißung trocknen Fußes durch's Rothe Meer gingen. Den Suezkanal halte ich für eine der vertractesten Ideen der neuesten Zeit, die nur in dem verbrannten Hirn eines Schwindlerkopfs entstehen konnte.

"Schon vor achthundert Jahren erscheint der Name Innsbruck auf den Blättern der Geschichte. An der Innbrücke steht ein uraltes Gebäude, die Ottoburg. Dies erbaute Graf Otto von Andechs, der eigentliche Gründer der Stadt Innsbruck, indem er um die offenen Häusergruppen schützende Mauern zog, von starken, festen Thürmen überragt, innerhalb deren Schutz ein gewerbfleißiges, reiches und starkes Bürgerthum erblühte. Als Tyrol österreichisches Erbland wurde, trat Innsbruck an die Stelle Merans und des Schlosses Tyrol; seine Lage an dem großen, schiffbaren Strome und im Norden des Landes, den österreichischen Landen in Schwaben nahe, eignete die Stadt zur Hauptstadt Tyrols, deren sich nach allen Seiten erstreckende Vortheile die Wohlhaben=

heit und das Ansehen der Stadt von Jahr zu Jahr hob."

Auch diese Stelle habe ich aus Raschens Buch abgeschrieben.

Du kennst, liebes Weib, von Anno 49 her Münster, die alte und ehrwürdige einstige Residenz desjenigen Fürstbischofs, der unter allen geistlichen Herren seines Ranges im deutschen Reiche der mächtigste war, jetzt Residenz des Oberpräsidenten und des kommandirenden Generals, die der König von Preußen an die Spitze seiner Provinz Westfalen gestellt hat.

Die Altstadt Innsbruck erinnert mich lebhaft an Münster: dieselben engen, unregelmäßigen und winkligen Straßen und Gassen mit bald vorspringenden, bald zurücktretenden hohen Giebelhäusern, die mit einer Fensteröffnung in der Spitze des Giebels enden, dieselben Dachtraufen, deren Mündungsröhren in Münster ehedem weit in die Gasse reichten, wie sie es hier in Innsbruck theilweise noch thun, zum Schrecken und Entsetzen der Vorübergehenden, die bei Regenwetter wörtlich noch „aus dem Regen in die Traufe kommen!" Die größte Aehnlichkeit aber zwischen Innsbruck und Münster zeigen die Bogengänge oder Lauben, wie man sie in Oberdeutschland nennt, die mehrere Straßen kennzeich=

nen, und die auch hier zum kleinen Kramer- und zum Wochenmarkts-Verkehr benutzt werden, wie in Münster auf dem Principalmarkt und in der Bogenstraße. Mit einer Art geistiger Wollust dräng' ich mich „unterm Bogen" der Tyrol'schen Hauptstadt durch die Menge der jungen Verkäuferinnen, meist reizende Geschöpfe, nur verunstaltet durch häßliche Kleidertracht — alte Frauen sieht man wenig —, die von ihren Voralpen herabgestiegen oder aus den unteren Gegenden des Thals, jetzt auf der Eisenbahn, heraufgekommen sind, die Erzeugnisse ihres ländlichen Fleißes, Butter und Käse, Federvieh und Eier, Grünkram und Küchengewächse den Hausfrauen der Hauptstadt feil zu bieten; denn die Erinnerung an eine einsam und doch glücklich durchlebte Jugendzeit schlägt mächtige Wellen in meiner Seele und erregt Empfindungen, die mir Thränen in die Augen locken. Und dasselbe Feilschen der Hausfrauen, der Töchter des Hauses, der Köchinnen wie damals in Münster. Ich blieb bei dem aufgestapelten Kram eines niedlichen Bergkindes stehen, mit dem eine junge Dame handelte, die aber wegen des Preises nicht mit ihm einig werden konnte. Es war ein geringer Preis, der gefordert, in der That aber ein Minimum, das geboten wurde. Ich mischte mich

in den Handel und warf die berlinische Redens=
art hin: „Dafür ist's gefunden!" Die junge Dame,
auch ein sehr hübsches Kind von etwa tausend
Wochen, lächelte, die niedliche Verkäuferin aber
verstand mich nicht. Und als ich mich deutlicher
ausgedrückt, wobei ich von der Dame schelmisch
lachend unterstützt wurde, lachte das Bergkind
auch und sprach in seiner krächzenden und pol=
ternden, das Ohr zerreißenden allemannischen
Mundart Worte, die ich mir so übersetzte: „Der
fremde Herr aus Wälschland habe mehr Verstand
vom Werth der Sache, als das einheimische Stadt=
fräulein!" Ich lachte nun auch und fragte, wie
sie dazu käme, mich für einen Wälschen zu halten,
ich wäre so gut „a Tütscher," wie sie „a Tütschin."
Möcht' es drum sein, meinte sie, ich spräche ja
doch Wälsch, was sie nicht verstehe, und nicht „a
Tütschin" sei sie, sondern „a Tyroler Madel!"

Aus dem hübschen Munde erklang der leidige
Provinzialgeist des Deutschen, der in den Bergen
einen noch festern Sitz hat, als im Flachlande;
aber er steckt doch nur in den theilnahmlosen
Klassen, den passiven, wie man sie nennt, in denen
er erhalten wird durch häusliche Erziehung, leider
aber auch genährt durch Schulunterricht. Doch
giebt es unter den Tyrolern dieser Klassen auch

viele, die andere Anschauungen sich eigen gemacht, es sind die Handelsleute, Männer und Frauen, die mit den Erzeugnissen des Tyrol'schen Gewerbfleißes, wollene Waaren aller Art, besonders bunte Decken und Gemsleder und Lederwaaren ꝛc., in alle Welt wandern und andere Ideen, selbst kosmopolitische, aus der Fremde in die Heimath bringen. Die theilnehmenden Klassen, die activen, die Handelnden, die haben unter rücksichtsvoller Wahrung des Provinzialgeistes, wie er in der Brust des Deutschen immer ruhen wird, dem Gedanken des großen und einen deutschen Vaterlandes Thor und Thür' geöffnet, urtheil' ich von den Personen, die kennen gelernt zu haben ich mir zur Ehre rechne. Und die — activen Klassen des deutschen Volks sind es allein, denen über die Geschicke des Vaterlandes die Bestimmung gebührt.

Ich nehm' es mir heraus, noch eine Stelle aus Raschens Reisebuch abzuschreiben, indem ich voraussetzen zu dürfen glaube, daß sie von meiner lieben Marie mit Vergnügen werde gelesen werden. Die Stelle lautet so:

„Soll man alle die Klöster und Kirchen aufzählen, welche die Stadt heute umschließt? Man sieht auf einer längern Reise in Tyrol deren so

11*

viel, daß man sehr bald dahin kommt, keine Kirche und kein Kloster mehr zu betreten. Und man thut recht daran, denn sehr selten haben sie rein und schön gebaute Gewölbe und Säulengänge, sondern ihr Inneres ist ein Mischmasch aus Baustylen aller Zeiten, und mit geschmackloser Vergoldung, Zierrathen und Bildwerken überladen. Man käme auch in eine noch schlechtere Lage wie der Teufel, als der kluge Bauer, mit dem er in Zirl einen gegenseitigen Vertrag auf dieses und jenes Leben abgeschlossen hatte, von ihm verlangte, er solle ihm alle Kirchen und Kapellen in Tyrol nur zählen. Nie wurde der Teufel mit der Aufgabe fertig; denn wenn er kaum am Ende des Zählens war, hatte man so viel neue gebaut, daß auch in keinem Thal die Zahl mehr stimmte."

Zirl, die Heimath des klugen Bauers, dem es ein Leichtes wurde, den Gottseibeiuns zu überlisten, weil er den Hang des Tyroler Bergvolks zur Kirchen= und Kapellen=Schwärmerei sehr gut und besser kannte, als der Böse, liegt im Oberinnthal, drei Stunden Weges von Innsbruck.

Ich weiß wohl, wie viel Wein=, Bier= und Kaffeehäuser es in Innsbruck giebt, denn ich habe mir den — Spaß gemacht, ihre Zahl aus dem Wohnungsanzeiger zusammenzuzählen, — von jeder der beiden ersten Kategorien etwa 30 bis 40, und von der dritten Kategorie mindestens 10, und unter diesen schmutzige, tabaksräucherige Spelunken, die ein anständiger Mensch nicht zu betreten wagt; wie viel Kirchen indeß, wie viel Kapellen und Klöster die Hauptstadt Tyrols zählt, das weiß ich Dir, liebes Weib, nicht zu sagen, wohl aber, daß von den Thürmen dieser heiligen Stätten, wie der römische Volksglaube sie nennt, den ganzen Tag, von Sonnenaufgang bis Sonnenuntergang, und dann noch stellenweis während der Nacht ein Lärm erschallt, der, einklanglos, wie ihre Glocken sind, einen ohrenzerreißenden Spektakel macht, gegen den das scheußliche Glockenspiel der sogenannten Singuhr in Berlin Musik, und die Ableierung von „Ueb' immer Treu' und Redlichkeit," die der Thurm der Hof= und Garnisonkirche in Potsdam halbstündlich von sich giebt, himmlische Musik ist, die den Hörer in — höhere Sphären versetzen könnte, wenn er sonst der Einbildungskraft freien Lauf gönnen will. Zuweilen ist es mir vorgekommen, als hört' ich Karl Maria von Weber's schrillende Töne zur Wolfsschlucht=Scene des Freischützen. Hätten die frommen Bauherren und Baumeister der Innsbrucker Kirch= und Klosterthürme nur ein Bißchen Ohr für Me=

lodie und Harmonie gehabt, so würden sie, dünkt mich, doch wol auf den Einfall gekommen sein, die Glocken gegenseitig abzustimmen, und so, da sie doch alle meist gleichzeitig geschwungen werden, ein Glockenspiel im Großen zu schaffen, das, wer will es leugnen, das gläubige Gemüth freudig bewegen, es stärken und erheben kann. Holland und Vlandern sind die Heimath der vollendetsten Glockenmusik. Sie mußt Du einmal hören, und Du wirst sie hören, geliebtes Weib, wenn ich Dich nach der Familienbesitzung in Gelberland führe. Dampfen wir dann den Rhein hinab, — ich ziehe die Rheinfahrt der rasselnden Eisenbahn vor, — so hörst Du das erste Glockenspiel erschallen, wenn das Dampfboot bei Arnheim anlegt, wo mir aussteigen müssen.

Von den Kirchen Innsbrucks ist die Heiligekreuz=Franziskaner=Kirche die vornehmste, weil sie zugleich Hofkirche ist. Dieses Gebäude, wozu der Bauplan vom Kaiser Maximilian herrühren soll, der aber erst von seinem Enkelsohn Ferdinand I. in den Jahren 1553 bis 1563 ausgeführt worden ist, kann, nach meinem Gefühl, in architektonischer Beziehung nicht Anspruch machen, ein Kunstwerk zu sein. Von einem Gebäude, das dem Dienste Gottes geweiht ist, verlange ich, daß es, insofern große Verhältnisse bei seiner Anlage zum Grunde gelegt worden sind, den Charakter des Ernsten, des Würdevollen, des Erhabenen an sich trage, kraft welcher Eigenschaften es an sich im Stande sein muß, mich zu höheren Stimmungen anzuregen und mein Gemüth zur Anbetung Gottes zu lenken. Davon hab' ich in der Franziskaner-Hofkirche auch nicht das Mindeste empfunden. Statt einer Kirche mit einem Hauptschiff, mit zwei oder auch vier Nebenschiffen und angebauten Kapellen, finde ich einen im Kirchenstyl erbauten, dreigetheilten Saal, der zur Aufstellung von einigen Kunstwerken dient, hauptsächlich aber als Rumpelkammer zur Aufbewahrung von allerhand abgestandenen und verlegenen Scharteken benutzt wird.

Zu den Kunstwerken gehört zum Allererſten das Denkmal Maximilians I., ein Sarkophag von Marmor, auf deſſen Decke der Kaiser in der Rüstung und im kaiserlichen Schmuck knieend die betenden Hände dem Hochaltar zuwendet, indeß die Seitenflächen des Sarkophags, in vierundzwanzig Felder von carrarischem Marmor getheilt, Basreliefs schmücken, welche die Hauptzüge aus dem romantischen Leben des romantischsten Helden auf dem deutschen Kaiserthrone, Wunder des Meißels in der Anlage und Aus=

führung von der genialen Hand der Brüder Bern=
hard und Arnold Abel aus Köln und Alexan=
der Collin aus Mecheln sind. Mögen andere Leute
anders urtheilen, mögen sie von einer künstleri=
schen Idee sprechen und — fabeln, so viel sie
wollen, helfen kann ich mir nicht, wenn ich Dir
sage, daß mir die achtundzwanzig ehernen Stand=
bilder, welche, Männer und Frauen aus habs=
burgischem Stamm und Vertreter der romanti=
schen Poesie darstellend, einen Ehrenkranz um das
Grabmal bilden sollen, das erste Mal, als ich
die Kirche im Dämmerlicht betrat, einen gespen=
sterartigen, dann aber, das zweite Mal, bei hellem
Tageslicht, einen lächerlichen Eindruck auf mich
gemacht haben. Denke Dir, liebe Marie, diese
schwarzen Gestalten von übermenschlicher Größe
zu je vierzehn auf jeder Seite des Hauptschiffes
neben einander aufgestellt, in Trachten des drei=
zehnten Jahrhunderts bis zum sechszehnten Jahrhun=
dert, mit all' ihrer Schwerfälligkeit und Geschmack=
losigkeit; denke Dir, wie ich zwischen diesen zwei
Reihen von Mißgestalten der Modellir= und Gießer=
kunst hindurchschritt, die eine mit drohenden, die
andere mit grinsenden Mienen auf mich blickend,
und urtheile, ob mich da nicht bei dem Hellbun=
kel, das im Saale herrschte, Gespensterfurcht und

ein Grauen beschleichen konnte, das mich einen Anstrich von Gänsehaut empfinden ließ, die durch den mildern Ausdruck der einen oder andern Frauengestalt nicht geglättet wurde. Und lächerlich kamen mir diese Riesen von Männern und Weibern vor, als ich am anderen Tage bemerkte, daß die ganze Sippe von Kaisern und Kaiserinnen und von allerlei Fürsten und Fürstinnen niederer Schichten die Stelle von Leuchtern vertritt, daß die eine, ausgestreckte Hand der Personen, die im Leben auf hoher Stufe standen und hier in Erzguß verewigt sind, die Leuchtertülle, in die der Meßner eine große Wachskerze steckt, wenn bei großen Kirchenfeierlichkeiten der ganze Raum erleuchtet wird. Ist es des höchsten Wesens würdig, die heiligen Hallen, die seiner Anbetung geweiht sind, zu einem Raritäten=Cabinet zu machen, in welchem der menschlichen Schwäche der Eitelkeit auf diese geschmacklose Weise geopfert wird? Bedarf der christliche Gottesdienst der Aufstachelung des Gefühls durch den Gesichtssinn, indem das Auge durch Bildwerke des Pinsels und des Meißels gefesselt werden soll, — und ich gebe zu, daß es nicht überflüssig sei, — nun, dann suche man nur in den sogenannten heiligen Geschichten nach mystischen Figuren und ideellen Scenen, daran sie reich genug sind, um der schaffenden Kunst die Wahl nicht schwer zu machen.

Zu Kunstwerken von hohem Werth sind in der Franziskaner=Hofkirche unstreitig die Grabmäler Erzherzogs Ferdinand und seiner Gemahlin Philippine Welser zu rechnen. Sie sind ein Schmuck der silbernen Kapelle, welche Ferdinand im Jahre 1578 erbauen ließ, und ihren Namen von einer Statue der Madonna führt, die aus getriebenem Silber besteht. Reizend ist das Marmorbild der schönen Philippine, fast zu vergleichen mit Rauch's schlafender Louise im Mausoleum des Charlottenburger Schloßgartens.

Links und rechts von dem Marmorportal, durch welches man in die Kirche eintritt, sind zwei andere Merkwürdigkeiten der Kirche, welche das Gedächtniß an große Begebenheiten unsers Zeitalters, das Gedächtniß an Volkstreue und Volksopferung auf die Nachwelt zu bringen bestimmt sind. Links ist das Grab Andreas Hofer's mit einem Denkmal von weißem Marmor, rechts ein anderes Grab, in dem die Gebeine der in den Kämpfen von 1796 bis 1809 für ihren Kaiser gefallenen Tyroler ruhen. Ueber diesem Grabe steht ein einfacher Sarkophag aus weißem Marmor von Schlanders. Ein Engel des Todes hält eine

Denktafel mit den Worten: "Absorpta est mors" in victoria, der Sockel aber des Sarkophags trägt die schöne Inschrift: „Seinen in Befreiungs= kämpfen gefallenen Söhnen das dankbare Vater= land". Die Stände Tyrols sind es nämlich ge= wesen, welche, als sie noch politisches Leben hatten, dieses Denkmal, auch mit Unterstützung freiwillig dargebrachter Gaben, errichtet haben. Wie wider= wärtig dagegen klingt die — servile Inschrift auf dem Grabmale der andern Seite! „Die Gnade des Kaisers" heißt es da, hab' es gestiftet! Nicht Gnade war es, nein, ein Sühnopfer zur Wieder= herstellung der, am 20. Februar 1810 verloren gegebenen, Ehre seines Hauses ist es gewesen! Wie kann man sich erdreisten, von „Gnade" zu reden auf einem Denkmal, das kommenden Geschlechtern zur Nacheiferung dienen könnte, wenn der spätern Nachwelt nicht auch das Andenken an die Treulo= sigkeit überliefert würde, die Franz von Lotharingen, Oesterreichs erster Kaiser, an dem Sandwirth aus dem Passeirthal beging, der, als die Zwecke, welche der Kaiser vor Augen hatte, nicht erreicht worden waren, als abgenutzter Mann, als Rebell betrachtet wurde, für dessen Rettung vom solda= tischen Henkertod es nicht werth sei, auch nur ein Wort zu verlieren, nicht einen Federstrich zu machen! Und unvergessen ist, daß in späterer Zeit, als einige von Andreas Hofer's Waffenbrüdern, nunmehr im Regiment Kaiserjäger dienend, die Absicht hatten, die Gebeine ihres tapfern Führers aus dem schwer zu findenden Grabe auf Mantua's Wällen in die vaterländische Erde zu versetzen, ihnen die Erlaubniß dazu versagt wurde; und daß, als sie es dennoch im Jahre 1823 bei Nacht und Nebel thaten, — infame Cassation ihr Loos war! Hofer's Denkmal ist ein schönes Werk der Idee, weniger der Ausführung nach, die Figur Hofer's ist von Schaller, das Relief am Piedestal von Klieber.

Schlage um, liebes Weib, diese Blätter der Geschichte, auf denen Franzens, des Habsburg-Lotharingers Dank für Volkstreue mit Blut geschrieben steht. Empört aber fühlt sich der freie Sohn Tyroler Berge, wenn er, eingedenk jener großen Volks- und kleinen Fürstenzeit, beim Eintritt in die Franziskaner-Hofkirche der Hauptstadt seines Landes, nach einem Paar Schritten zur linken Seite von der „Gnade" des kaiserlichen Enkels lesen muß. Aber auch abgesehen von der Erinnerung an die Vergangenheit, geschmacklos wie irgend Etwas ist es und dem Gefühl für's Schöne Hohn sprechend, in der Inschrift eines öffentlichen Denkmals von der „Gnade" eines Menschen zu sprechen. Wer auch immer diese Inschrift auf Andreas Hofer's Grabmal ersonnen oder erfunden haben mag, jedenfalls hat der ehrenwerthe Erfinder seiner ästhetischen Bildung ein Zeugniß totalster Armuth an Poesie ausgestellt. Schön ist die Idee des Grabmals: der Sandwirth steht in Landestracht auf einem Piedestal, an dem das Bergvolk auf das gesenkte Landespanier Treue schwört. Merk' es Dir wohl, liebe Marie, daß die Tyroler, nach dem Wiener Frieden, nicht mehr für den Kaiser und sein Haus, sondern für die eigene und die Freiheit ihres engern Vaterlandes fochten!

Bemerkenswerth ist Innsbrucks Hauptkirche noch dadurch, daß Gustav Adolf's, des sogenannten Retters der evangelischen Freiheit, Tochter, Königin Christine von Schweden, in dieser Kirche, zum Triumph des alleinseligmachenden Glaubens, am 3. November 1651 in seinen Schooß zurückkehrte.

Die Franziskaner=Hofkirche, die kaiserliche Burg, die Pfarrkirche und die Jesuitenkirche, so wie die Leopold=Franzensuniversität und das Gymnasium bilden eine einzige lange Reihe von Gebäuden, die durch bedeckte Gänge alle mit einander in engster baulicher Verbindung stehen. Die Jesuiten=

kirche, die zugleich Universitätskirche ist, zeichnet sich durch ihre Bauart aus. Sie ist die einzige Kirche Innsbrucks, sagt Rasch, und ich stimme ihm überall bei, welcher man nicht den Vorwurf mit Vergoldungen und Zierrathen machen kann. Das hohe, schmucklose, einfache Gewölbe mit den Wandpfeilern von rothem Oberinnthaler Marmor und der merkwürdigen Kuppel macht einen erhebenden Eindruck. Von den beiden Thürmen, welche die Kirche, deren Bau in die Mitte des siebenzehnten Jahrhunderts fällt, bekommen sollte, ist nur der eine vollendet.

Von den Klöstern sei nur des Kapuzinerklosters gedacht, weil es das erste dieses Ordens in Deutschland gewesen. Es wurde 1594 gestiftet. Innerhalb seiner Räume befindet sich noch in ihrem ursprünglichen Zustande die Einsiedelei Maximilian's, des Hoch- und Deutschmeisters, † 1618, der darin alljährlich eine gewisse Zeit zubrachte, und sich streng an die Regel der Mönche hielt. Aber auch eines neuen Klosters ist Erwähnung zu thun, eines Frauenklosters, das in den letzten sechs Jahren erbaut und wiederum eines der trostlosen Zeichen von den Verirrungen ist, in die religiöse Schwärmerei selbst in unseren Zeiten des Lichts und der Aufklärung den menschlichen Geist, wenn er nicht zum Denken angeleitet worden ist, verwickeln kann. „Strengste Clausur, sagt Rasch, Gebet und einsame Betrachtung ohne leibliche und geistige Thätigkeit, leibliche Kasteiung durch Enthaltung aller Fleischspeisen — auch Kasteiung des eigenen Fleisches durch Ruthenstreiche? — sind einige von den Klosterregeln, nach denen Jungfrauen in der Blüthe der Jugend ihr Leben hinter geblendeten Fenstern, hohen Klostermauern und eisernen Gittern vertrauern."

In Tyrols Hauptstadt berühren sich die Extreme! Zur Seite jenes, das Menschenthum in seiner weiblichen Hälfte entwürdigenden und tödtenden, Gefangenhauses steht eine Anstalt, die das Leben auffaßt, wie es nach des Schöpfers allweisem Plane sein soll, eine Anstalt, deren Bestimmung das Erkennen der Natur ist und das Forschen in der Landes- und der Weltgeschichte, die das Weltgericht bedeutet. Ich meine das Ferdinandeum, ein Nationalmuseum, das sein Entstehen dem Grafen Chotek zu verdanken hat, als derselbe oberster Beamter in Tyrol war. Diese Anstalt, die in keiner Provinz der österreichischen Monarchie ihres Gleichen hat, führt ihren Namen vom damaligen Erzherzoge, nachmaligen, und seit 1848 wider seinen Willen — in Ruhestand versetzten Kaiser Ferdinand. Später ist mit dem Museum ein montanistisch=geognostischer Verein verbunden worden, der 1837 gestiftet wurde und durch seine Reisenden die Kenntniß des Landes ungemein erweitert hat, was auch von den Mitgliedern des eigentlichen Museums geschieht, die ihre Beiträge zur Landeskunde in einer selbständigen Zeitschrift veröffentlichen. Sie sind es, die dem Unternehmen seinen Halt geben durch regelmäßige Beiträge, theils durch Schenkungen, auch durch Vermächtnisse. Das Museum ist außerordentlich reich an Sammlungen aller Art, vermöge deren Kunst und Wissenschaft und Gelehrsamkeit gefördert werden können. Die Zahl der Mitglieder beläuft sich auf weit über vierhundert, ein Beweis, daß unter der Männerwelt des äußerlich streng katholischen Landes Tyrol der innerliche Drang vorwaltet, sich von den Kirchensatzungen und ihren Trägern und all' den Dingen frei zu machen, von denen „der Verstorbene" an irgend einer Stelle seiner „Briefe" sagt: Sie werden nur dann möglich sein, wenn zwei Mal zwei fünf geworden ist". In neuester Zeit hat eines der thätigsten Mitglieder des Ferdinandeums, Ritter Johann Nep. Mahl=Schedel von Alpenburg, ein Denkmal zu Ehren des Feldmarschalls Radetzky

gestiftet, bestehend aus einem Album, für das
Autographen bekannter und unbekannter Zeitge=
nossen, berühmter und unberühmter, gesammelt
werden, dessen Hauptzweck aber ist, die Fonds
zu vergrößern. Bei diesem löblichen Zweck muß
man geneigt sein, die Schwäche der Eitelkeit milde
zu beurtheilen, die in diesem Rahmen viele Sinn=
sprüche und Namen vereinigt hat, welche nach
Ablauf einer kurzen Zukunft allen Anspruch auf
Theilnahme werden verloren haben. In diesem
Falle befindet sich auch Dein Herr und Gemahl,
theures Weib, der, wie sehr er auch Tage lang
widerstanden, von dem Ritter Mahl=Schedel mo=
ralisch gezwungen worden ist, seinen Namen und
ein Paar Worte darüber einzutragen, von denen
ich fürchtete, sie möchten im Kreise ultramontaner
Mitglieder des Ferdinandeums, die doch auch nicht
fehlen, Anstoß erregen, allein der Ritter beruhigte
mich lachend mit dem Bemerken, was ich da ge=
schrieben, sei ein Ausdruck der Gesinnungen der
großen Mehrheit der Mitglieder. Das Ferdinan=
deum besitzt die Rechte einer moralischen Person
und ist als solche Besitzer eines einfach schönen
Gebäudes, in dem die Sammlungen zu Jeder=
manns Anschauung und Belehrung sachgemäß auf=
gestellt sind.

Von anderen öffentlichen Gebäuden zu weltlichen Zwecken will ich der kaiserlichen Hofburg Erwähnung thun, nicht wegen ihrer Architektur, die nichts Schönes hat, sondern wegen des stattlichen Umfangs dieses drei Stock hohen Gebäudes von viereckiger Gestalt und wegen der darin befindlichen Hofkapelle, welche Maria Theresia auf der Stelle erbauen ließ, wo ihr Gemahl Franz, erster deutscher Kaiser Lotharingischen Geblüts, aus dem Theater kommend, 1765 vom Schlagfluß tödtlich getroffen wurde. Maria Theresia ist es auch gewesen, welche dieses Schloß, oder nach österreichisch-deutschem Sprachgebrauch, diese Burg in den Jahren 1766—1770 erbauen ließ unter Benutzung einer im altdeutschen Stil vorhandenen Burg aus dem Zeitalter Kaisers Maximilian I. Der Hofgarten, der sich an die kaiserliche Burg anschließt, macht, wenn man noch vor wenigen Tagen den Englischen Garten bei München gesehen hat, einen höchst kläglichen Eindruck. In München herrscht nur ein König, und noch dazu ein Kleinkönig, hier in Innsbruck dagegen ein Kaiser, der zugleich das Oberhaupt einer Großmacht ist, von dem sich erwarten läßt, daß es Etwas geben werde auf Belebung und Erhaltung des Sinns für's Schöne, also auch in der Landschaftsgärtnerei, wenn gleich die Stelle dafür ein Bißchen weit ab ist von der Residenz des Kaisers; allein nirgend ist mir in einem, der öffentlichen Benutzung überlassenen, Gärten eine größere Vernachlässigung an Baum- und Strauchgewächsen und Rasenplätzen vorgekommen, als in diesem Innsbrucker Hofgarten. Der Föhnsturm vom 4. November hat zu dieser Verwilderung noch beigetragen; auf dem kurzen Wege zum Theatergebäude hat er zwei mächtige Bäume mit der Wurzel aus der Erde gewirbelt. Entschädigung findet man in den Gewächshäusern des Hofgartens, deren Verwalter die Erlaubniß hat, ein Kaffeehaus zu halten, was ganz hübsch eingerichtet ist.

Die größte, aus dem spätern Mittelalter stammende architektonische Merkwürdigkeit in Innsbruck, auf die des Fremden Aufmerksamkeit sogleich gelenkt wird, ist das „Goldene Dachl", die ehemalige Fürstenburg, welche der tapfere Graf Friedrich von Tyrol im Jahre 1425 erbaute und ihren schönen gothischen Erker mit vergoldeten Kupferplatten deckte, zur Beschämung seiner Spötter, die ihm den Namen „Friedl mit der leeren Tasche" gegeben hatten. Der Erker, mit seinen Säulen, seinen Frescobildern, drei um einen Tisch sitzende Figuren, Maximilian und seine zwei Gemahlinnen darstellend, und darunter mit sieben Wappenschildern, macht einen guten Eindruck. Das Innthal, sammt dem ganzen Alpengebiet, liegt im Schütterkreise des Mittelländischen Meeres. Innsbruck hat durch häufige Erschütterungen nicht unbedeutend zu leiden gehabt, besonders in den Jahren 1667 bis 1689, wo der Boden der Stadt so heftig in Bewegung kam, daß Privat- und öffentliche Gebäude, darunter die Pfarrkirche, weil sie gefahrlos nicht mehr benutzt werden konnten, ganz abgetragen und neu aufgeführt werden mußten. Auch das goldene Dach hat durch Erdbeben viel gelitten und mehrmaliger Aufbesserungen bedurft, so daß wir diese ehemalige Burg der Tiroler Fürsten, mit Ausnahme des Erkers, nicht mehr in ihrer ursprünglichen Gestalt erblicken. Seit lange ist die Burg in den Besitz der Stadt übergegangen, die sie an Privatleute vermiethet.

Es ist spät in der Nacht, und Gott Morpheus fängt an, seine Macht auch auf mich, den Schlaflosen, auszuüben. Ich schließe diesen langen und — ich fürchte — Dir langweiligen Brief. Denke meiner, geliebtes Weib, wie ich Deiner gedenke in treuer Liebe.   Karl.

42.

Innsbruck, 7. Novbr. 1859.
Spät Abends.

Theuerste Marie!

Die Witterung des letzten Herbstmonats, im meteorologischen Sinne, ist, obwol dieser Monat hier im Innthale, wenigstens an den Bergen bis tief herab, sich in ein winterliches Kleid gehüllt hat, noch immer sehr freundlich mit heiterm Himmel und verhältnißmäßig milder Temperatur, die sich um die mittlere Temperatur des Jahres auf und ab bewegt, doch aber in den Morgen= und Abendstunden eine Verbesserung durch Erzeugung künstlicher Wärme in den Zimmern nothwendig macht. Das schöne Wetter benutzend, hab' ich am Vormittag Spaziergänge in der Stadt und der nächsten Umgebung gemacht, den Nachmittag aber einem Besuche des Ferdinandeums gewidmet, um von dem Radetzky=Denkmal nähere Kenntniß zu nehmen. In der Voraussetzung, daß mein geliebtes Weib auch fernere Mittheilungen über Innsbruck nicht ungern lesen werde, fahre ich fort, wie folgt:

Die Neustadt enthält in ihren geraden, regel= mäßig angelegten und breiten Straßen viele pa=

lastähnliche und andere stattliche Gebäude, unter denen das Haus, in welchem ich wohne, wahrlich nicht in letzter Reihe steht. Das Hôtel d'Autriche, wie im obersten Stock die Aufschrift lautet, dem der „Oesterreichische Hof" über dem Eingangsportal unterthan geworden, ist ein ansehnliches Gebäude von vier Stockwerk mit sechszehn Fenstern in der Front, neuern Baustils, einfach, aber geschmackvoll, im zweiten Stock mit einem offenen Söller. Eins der beiden Söllerzimmer bewohn' ich. Tret' ich hinaus, zu sehen, ob die Schneedecke an den Bergen gegen gestern noch tiefer hinabgegangen ist, so muß ich, um den Gipfel des Solsteins zu erblicken, den Kopf bedeutend zurück in's Genick biegen, so hoch und so nah' ist dieser Berg, der, stürzte er jemals ein, was ich bei einem heftigen Beben der Erde gar nicht für unmöglich halte, die Stadt Innsbruck für immer begraben und das Oberinnthal in einen langgestreckten Alpensee verwandeln würde. Eleganz ist in meinem Gasthause mit Bequemlichkeit gepaart, Speis' und Trank, französische, meist aber österreichische Weine lassen Nichts zu wünschen. An der Wirthstafel hört man viel Wälsch sprechen, Italiänisch, noch mehr Französisch. Es müssen hier viel Franzosen verkehren; ich schließ' es aus der Wirthsrechnung, die da lautet: Innsbrouck, le 6 Nov. 59. Note pour Monsieur de X de E. Maulick, Hôtel d'Autriche. Wann wird in den deutschen Gastwirthen deutsches Nationalgefühl erwachen, das die Wälschen zwingen wird, wenn sie herüberkommen, in unserer Sprache zu uns zu reden? Ich glaube nicht, daß ein Gastwirth in Metz oder Nancy uns Deutschen zur Lieb seine Rechnungen in deutscher Sprache abfaßt, vielleicht nicht einmal in Straßburg, der deutschen Stadt unter Franzosenherrschaft!

Am Ende der Neustadt bildet die Triumph=
pforte das Thor, das zum Berge Ischl und zu der Hochstraße über den Brenner führt. Erbaut wurde sie 1765 zur Feier der Ankunft des deutschen Kaisers Franz I. und seiner Gemahlin Maria Theresia, so wie der Vermählung ihres Sohnes Leo=
pold (als nachmaliger Kaiser unter der Zahl II) mit der spanischen Prinzessin Marie Ludovike, welche in Innsbruck vollzogen wurde. Da der Kaiser während der Feierlichkeiten eines plötzlichen Todes verblich, wie ich bereits in meinem gestri=
gen Briefe erwähnt zu haben vermeine, so wurde der ursprüngliche Plan dieser Freudenpforte da=
hin verändert, daß die Außenseite, welche die fürst=
lichen Personen bei ihrem Einzuge begrüßte, der Freude, die Innenseite der Trauer geweiht wurde.

Die Bildnisse der betreffenden Personen und die auf das Freudenfest und den traurigen Schluß desselben sich beziehenden Basreliefs in weißem Marmor schmücken In= und Außenseite des schönen Thores, das eine Zier der Stadt ist. Sein Baumeister war ein Tyroler Bergkind, Namens Moll.

Gleich außerhalb des Thores, an der Brennerstraße, steht links die stattliche, wenn auch nicht schöne Prämonstratenser=Abtei, welche nicht mehr zur Stadt, sondern zu dem, mit der Stadt durch eine Häuserreihe verbundenen, Dorfe Wilten gehört. Die Stiftskirche weicht in ihrem Innern von dem Tyroler Kirchencharakter der nicht reinen Gewölbe und Ueberladung nicht im Mindesten ab. Vor dem hohen Haupteingange stehen die kolossalen Standbilder der Riesen Haymon und Thyrsus, von denen Rasch in seinem Buche sagt, sie seien „wirklich häßlich"; ich aber sage, sie sind „abscheulich, grundlos häßlich, das Auge, das gezwungen ist, sie anzusehen, verletzend!" Rasch fügt zur Erklärung dieser scheußlichen Bildsäulen die Sage des Heldenbuchs hinzu: „Im Gefolge Dietrich's von Bern, als er nach Worms zog, um den Rosengarten der Chriemhilde zu zerstören, befand sich auch der Riese Haymon. Auf seiner Heimkehr erschlug er in der Nähe von Zirl den Riesen

Thyrsus und erbaute zur Sühne seines wilden Lebens das Kloster. Einen Drachen, der, aus den Schluchten der Sill hervorstürzend, drei Mal den Bau störte, soll er endlich siegreich erlegt haben, ja man zeigt noch im Kloster die unter dem Namen der Drachenzunge aufbewahrte Trophäe dieses Sieges."

Der infulirte Abt von Wilten ist zugleich kaiserlicher Erb-, Hof- und Hauskaplan, und saß nach der alten Landesverfassung im großen ständischen Ausschuß-Congresse auf der geistlichen Bank als erster Landstand. Sein Kloster gilt für das reichste in Tyrol.

Ein Schnitt in's Fleisch der geistlichen Güter, und Oesterreich wäre aus seiner Finanznoth gerettet!

Um den Schnitt kühn zu wagen, bedarf es des muthigen Entschlusses, Herr wieder sein zu wollen im eigenen Hause; werfe die Knechtschaft ab, in die Du, Franz Joseph, Deiner und Deines großen Vorfahren Joseph II. unwürdig, freiwillig oder überlistet, Dich begeben, als Du 1855 den Vertrag mit Rom unterzeichnetest, der Dich und Dein Haus in's Verderben stürzt. Werde endlich ein Mann, werfe um Dich Deinen Blick nah und fern, zu erkennen die Zeit und den Raum, den Dir Gott zum Felde Deiner Thätigkeit angewiesen!

Deinem hochweisen Ermessen, liebes Weib, geb'

ich es anheim, diesen neunzeiligen Satz Sr. k. k. apostolischen Majestät unmittelbar oder durch Allerhöchstihren Gesandten am Hofe des Nebenbuhlers in Abschrift zugehen zu lassen!!

Herr Bruck, des Kaisers Franz Joseph Finanzminister, obwol in Elberfeld und in Triest beim österreichischen Lloyd auf der kaufmännischen Schreib- und Rechenstube groß geworden und erzogen, scheint doch nicht das Finanzgenie zu sein, wie es ein gewisser Justus Erich Bollmann war, das niedersächsische Landeskind aus Hoya, der Arzneikunst Beflissener, der den verunglückten Versuch machte, Lafayette, den Freiheitshelden, aus der Olmützer Citadelle zu befreien, der als Kaufherr und Bürger der Vereinigten Staaten im October 1814 nach Wien kam, wo seine Aufmerksamkeit auf den, auch damals trostlosen Zustand der österreichischen Finanzen hingelenkt wurde, und besonders auf die große Masse Papiergeldes, welche aus den früheren Kriegsjahren übrig war, und damals das Land als ein empfindliches Uebel drückte, was jetzt ein Krebsschaden ist, der, von Tag zu Tag um sich fressend, den österreichischen Staatskörper unter Convulsionen tödten wird. Bei diesem Bollmann, dem protestantischen Republikaner, holte sich der Finanzminister, Graf Stadion, der katholische Absolutist, Raths, klagend über den schweren Kampf, den er gegen diesen Papierfeind unaufhörlich zu führen habe, ohne die Mittel zu erkennen, mit denen er ihn besiegen könne. Und Bollmann gab den Rath. Seine Angaben und Entwürfe sind bei den nachherigen heilsamen Finanzmaßregeln, so wie bei den Grundlagen der bald hervortretenden Nationalbank befolgt worden, und er ist sonach als der eigentliche Stifter dieser im österreichischen Finanzwesen neuen Epoche zu betrachten, deren segensreiche Wirksamkeit in den Märztagen 1848 ihr Ende erreicht hat.

Die Sage vom Wiltener Drachen oder Lindwurm ist, wie sich von selbst versteht, ein, aus natürlichen Erscheinungen hervorgegangenes, mythisches Bild, den Sieg des Christenthums über das Heidenthum darstellend, anderer Seits aber auch den Nutzen anzeigend, welchen damals die Klöster wirklich auf verschiedene Weise stifteten durch Urbarmachung großer Wildnisse, Ausrottung reißender Thiere und besonders durch Anlegung von Wasserbauten und Wasserleitungen. Unter dem Drachen ist die Sill zu verstehen, wie noch heute im Munde des Volks der östlichen Alpen die verwüstenden Gießbäche Lindwürmer heißen, welche aus ihren Schlupfwinkeln hervorbrechen um Alles, was sie auf ihrer Bahn treffen, zu vernichten. Die Sill hat aber auf den letzten fünf Stunden ihres Laufes ein so enges, schlundartiges Bett, daß bei Anschwellungen oder Gletscherausbrüchen ꝛc. kein Schutt abgesetzt werden, sondern dies erst bei der Oeffnung des Schlundes in's Innthal an der Stelle geschehen kann, auf der Wilten steht. Daher mußte sie hier oft furchtbare Verwüstungen anrichten. Haymon (Heimo), der Klostererbauer, hatte daher große Noth, dieses Ungethüm zu bändigen, den Lindwurm zu tödten. Und als es geschehen, wuchs der neue Bau empor, gegen die Verwüstungen der Sillfluthen gesichert. Das Kloster wurde mit Mönchen vom Orden des Heiligen Benedictus bevölkert, unter denen Haymon noch achtzehn Jahre als Büßer lebte; die Sage läßt ihn im Jahre 878 sterben; man begrub ihn im Chor zur Rechten des Hochaltars. Im Besitz der vom heil. Norbert gestifteten Prämonstratenser ist das Stift Wilten seit dem Jahre 1119. Damals wurde es mit bedeutenden Schenkungen bedacht, in jenem kindlich gläubigen Zeitalter, das in der Begabung von Kirchen und Klöstern ein Haupt=, ja das einzige Mittel erkannte, Sünden zu büßen, sich vom Höllenschlund zu retten und den Himmel zu erlangen. Später erst entstand Innsbruck auf dem Gebiete von Wilten, daher das Stadtgebiet noch jetzt rings von dem Landgericht Wilten umschlossen ist. König Max Joseph von Baiern, als er Herr von Tyrol war, hob das Stift 1807 auf, Kaiser Franz stellte es wieder her 1816. Unmittelbar hinter den Stiftsgebäuden bricht der — Lindwurm Sill aus seiner nächtlichen Schlucht hervor; sein Ungestüm ist aber durch ein hohes Wehr, das zugleich einen Seitengraben zur Seite ableitet, gebrochen. Der Sturz über das Wehr ist durch Wassermasse und Höhe gewaltig, doch aber mit einer natürlichen Cascade nicht in Vergleich zu stellen.

Wilten liegt mitten in üppigen Maisfeldern und herrlichen Wiesen, die drei Mal des Jahres gemäht werden können. Der Maisbau hat hier, wie im ganzen Unterinnthal, eine ungeheure Ausdehnung; hier in Wilten ist ihm alles Ackerland gewidmet; die Felder sind längst abgeerntet, aber überall sieht man die Häuser außen und innen auf luftigen Söllern mit Maiskolben zu Millionen behängt, um sie an der Luft zu trocknen. Auch im baierischen Querthal des Innstroms und weiter abwärts in einzelnen Theilen Oberbaierns sieht man diese Erscheinung, die, von der Nothwendigkeit geboten, der schönen Alpenarchitektur,

mit den weit vorspringenden flachen Dächern und
ander Vorderseite des Hauses mit der s. g. Laube,
die sich längs des ganzen Giebels erstreckt, in die=
ser Jahreszeit einen fremdartigen Ausdruck ver=
leiht, der, geschmackwidrig wie er ist, zuletzt lang=
weilt.

Wilten gehört zu den geschichtlich merkwürdig=
sten Punkten des Landes Tyrol. Das Dorf steht
auf einem Theile der Römerstadt Veldidena, welche
sich nicht nur viel weiter nach Westen, sondern
auch nach Osten und Norden, über den Boden
des heutigen Innsbrucks, ausdehnte. Wahrschein=
lich war sie die Hauptstadt des römischen Rhä=
tiens, wenigstens einer der wichtigsten Orte dieser
Provinz, und, ihrer Erstreckung nach zu urtheilen,
einer der vornehmsten im ganzen Alpenlande.
In Velbidena trafen die Straßen von Laureacum
(Lorch oder Enz bei Linz), Denipons (Oettingen)
und Aquileja zusammen. Den letztern Straßen=
zug von Vipitenum (Sterzing) über den Brenner
bezeugen noch viele Meilensteine aus den Zeiten
Marc Aurel's, Sever's, Julian's, Caracalla's, De=
cius'. Sie sind zum größten Theil nach Ambras
gebracht worden, zwei aber werden in Wilten
selbst aufbewahrt. Das offenbar mächtige Veldi=
bena war den erschütternden Stürmen der Völker=

wanderung mehr als eine andere Römerstation in den Alpen ausgesetzt; Attila, in den Catalaunischen Feldern zurückgeschlagen, zog um so wüthender zurück, und auch Velbidena wurde dem Erdboden gleich gemacht. Doch seine Lage konnte ihm nicht genommen werden. Schnell blühte es im Mittelalter wieder auf, durch den Handelszug aus Italien nach Deutschland. Sein Name nahm einen deutschen Laut an, man nannte Velbidena im Mittelalter Veldebein; und daraus ist der heutige Name Wilten entstanden, den man auch Wiltau spricht und schreibt.

Woher alle diese historische Gelehrsamkeit, wirst Du, theures Weib, fragen, aus welcher Quelle ist sie geschöpft?

Aus dem klar und rein fließenden Brunnen Schaubach's, dessen, schon ein Mal gerühmtes, Buch nicht diejenige Verbreitung bei den Reisenden gefunden hat, welche es verdient. Warum? weil es für den gewöhnlichen — Touristen zu ausführlich, zu bändereich, zu groß von Format, zu theuer ist. Dem Schaubach ist's ergangen, wie einst dem Ebel mit seiner Anleitung zur Bereisung der Schweiz. Auch dieses Buch litt an denselben — Gebrechen, wenn man's so nennen will, wie das Schaubach'sche.

Ich führe Dich zurück durch die Triumphpforte in die Neustadt Innsbruck, die, von der Anlage der Innthaler Eisenbahn veranlaßt, ohne Zweifel nach der Bahnhofsseite, wo noch Platz ist, erweitert werden wird, wenn das Bedürfniß sich zeigen sollte, was sicherlich nicht ausbleibt, insonderheit für den Fall der Vollendung der Bahn über den Brenner. In Raschens Buch les' ich, Innsbruck habe 12,000 Einwohner. Mir kommt's vor, als müßten ihrer doppelt so viel sein, nehm' ich die Größe der Stadt und die Lebhaftigkeit auf den Straßen zum Maßstab. Die Antwort auf meine Frage nach der Einwohnerzahl bestätigt die Vermuthung, wenn gleich die Zahl nicht genau angegeben werden kann: man spricht von 20,000, eher drüber, als brunter.

Stelle Dich, geliebte Marie, mit mir auf die Innbrücke. Nicht plätschernd, sondern — klatschend schlagen an die Pfeiler der Brücke die grüngeblichen Fluthen des breiten und wasserreichen Innstroms, den Du, wenn Du seinem Laufe entgegenblickst, aus einem Engspalt hervortreten siehst, der von den letzten Stufen des Solsteins und des gegenüberliegenden Gebirgs auf dem rechten Stromufer gebildet wird. Dahinwärts, gleich um die Ecke, die Deinen Blick strom=

auf begränzt, starrt die mächtige und durch die Sage gefeierte Martinswand in kühnen Formen senkrecht und glatt 1776 Fuß über dem Strom empor. In der halben Höhe der Wand ist eine höhlenartige Nische mit einem 18 Fuß hohen Crucifix und lebensgroßen Figuren bezeichnet, die aus der Tiefe gesehen ganz klein erscheinen. In dieser Wölbung, die Maximiliansgrotte genannt, soll Kaiser Maximilian gestanden haben, als er sich auf der Jagd so verirrte, daß er nicht vorwärts, nicht rückwärts konnte. Die Sage läßt ihn, weil die Schallwellen seiner Stimme vor ihrer Ankunft im Thale in der Luft verschwammen, seine Halskette auf die Straße hinabwerfen. Daran erkannte man, daß der Kaiser oben stehe. In der Zirlerkirche wurden Betstunden angestellt, und der Pfarrer zog mit dem Allerheiligsten, von der ganzen Bevölkerung begleitet, auf die Straße, Gott um die Erlösung des Kaisers anflehend. Da erschien dem Kaiser ein Engel, und der geleitete ihn hinunter. Der Engel war aber ganz einfach ein Gemsjäger, der bald nach dem Kaiser an dieselbe Stelle kam. Er hieß Oswald Zips. Als dieser einen ihm unbekannten Menschen neben sich erblickte, rief er ihm zu: „Holla, was machst Du hier!" Der Kaiser, ganz matt vor Erschöpfung und innerer Angst,

konnte kaum die Worte hervorbringen: „Ich lauere."
Oswald stärkte ihn aus seiner Jagdflasche, band
ihm Steigeisen unter und brachte ihn ungefährdet
auf die Straße. Zips wurde vom Kaiser unter
dem Namen Hollauer von Hohenfelsen in den
Adelstand erhoben und wird von mehreren Ge=
schichtsschreibern noch viele Jahre nachher unter
den Günstlingen des Kaisers erwähnt. Jetzt führt
ein Pfad hinan zu jener Wölbung, und nur hier
oben bemerkt man die Höhe der Wand, welche
in der Ferne durch die ungeheueren Massen des
Solsteins und in der Nähe durch ihre Steilheit
verkleinert und verjüngt wird. Unter der Martinswand steht ein Markstein, der die Gränze
bezeichnet zwischen dem Ober= und dem Unterinn=
thal, eine Abtheilung, die im politischen Sinne
durchaus auf die natürliche Beschaffenheit des Thals
begründet ist.

Folge mir, geliebtes Weib, über die Innbrücke.
Wir sind in St. Nicolaus, jetzt eine Vorstadt von
Innsbruck, aber viel älter, als die Stadt, wie
ich glaube, schon ein Mal bemerkt zu haben. Ein
breiter, mit Bäumen alleeartig bepflanzter Quai
zieht sich rechts von der Brücke längs des Stroms.
An diesem Quai steht auf dem flachen Thalboden
eine Häuserreihe, die es eben ist, welche St. Ni=

colaus bilden. Aber fast unmittelbar hinter den Hofräumen dieser Häuser steigt die zusammenhangende Mauer der Kalkalpen 8000 bis 9000 Fuß empor, ohne Uebergang, ohne Ausgleichung, ohne Thäler, nur von Schluchten zerrissen, nackt und kahl, nur von Krummholz bedeckt, das an den Schutthalden der Kalkschroffen unverdrossen emporklimmt, vielleicht für die Nachkommen arbeitend. Ein Mittelgebirge, wie auf der Südseite des Thals, giebt es hier gar nicht, nur eine schmale, üppigst umgrünte Stufe ist da, ein lockeres Schuttgebirge, welches einst der Inn und seine Zuströme schufen und zum Theil wieder hinwegrissen.

Auf dieser sonnigen Stufe lagert sich, mit St. Nicolaus zusammen, das große Dorf Hötting, das eben so, wie Wilten, römischen Ursprungs ist, urtheilt man nach den vielen Alterthümern, die hier gefunden worden sind. Die Römerstraße führte von Veldidena aus über den Inn an der Stelle, wo jetzt die Brücke ist, aber dann sogleich auf die Höhe von Hötting, wo sie von einem Castell gedeckt war. Auch der untere Theil des Kirchthurms soll der Ueberrest eines römischen Tempels sein. Nach dem Untergange des Römerreichs blieb Hötting Sitz des Richters für die Umgegend, unter dem Namen Heteningen (von

Het = Haupt, Jninga = Ansitz), woher sodann ein Geschlecht dieses Namens entstand, die Herolde (Gemeinderichter) von Hötting, in welchem das Richteramt erblich wurde. Auch nach dem Aussterben dieses Geschlechts 1337 behielten die Pfleger des Gerichts Sonnenburg (jetzt Wilten) in Hötting ihren Sitz. Außerdem siedelten sich auch wegen der herrlichen sonnigen Lage manche Herren hier an, so wie mehrere Gewerke, die Wasserkraft der stürzenden Bäche zu nutzen. Im Sommer ziehen viele Innsbrucker heraus, das Landleben dicht über ihrer Stadtwohnung zu genießen, wiewol es hier sehr heiß sein muß, da Hötting die Sonnenstrahlen vom frühen Morgen bis spät am Abend, und durch den Brennerspalt — italiänische Lüfte empfängt, so wie vor den rauhen Nordwinden völlig geschützt ist. Dieser Beschaffenheit des örtlichen Klima halber gedeihen hier alle Früchte sehr früh. Sie finden auf dem Wochenmarkt der Stadt ihren Absatz. Die Verkäuferin, mit der ich es neulich zu thun hatte, war ein Höttingischkind.

Westlich von der Ortskirche liegt das, im neuern Stil erbaute Schloß Lichtenthurm, und unweit davon sprudelt im Kirschenthal eine Mineralquelle, bei der man eine Badeanstalt errichtet hat. Nörd=

lich, auf einsamer Flur, von Waldung umsäumt, steht 876 Fuß über Innsbruck die Kapelle mit dem Höttinger Bilde, wohin Frommgläubige fleißig wallfahren. Davon östlich ist die Brunnenstube zur Kaiserkronquelle, eine theils künstliche, theils natürliche Höhle mit schönen Tropfsteingebilden. Ueber eine brandverödete Waldregion steigen die Höttinger Alpen hinan zu einem Gebirgsamphitheater, welches von dem 7423 Fuß hohen Brandjoch, der berüchtigten Frauhütt, 6492 Fuß, und dem Hohensattel, 6637 Fuß hoch, umschlossen ist. Sie gehören zu der Kette, welche das Inn- und Isargebiet scheidet und vom Solstein östlich herabsteigt.

Zur Zeit Noah's wanderten Riesen in's Innthal, ihre Königin war Frauhütt. Sie erbaute sich hier einen stolzen Marmorpalast. Alles, was jetzt kahler Fels ist, war übergrünt mit üppigen Alpmatten. Einst besudelte sich ihr Söhnchen und sie reinigte es mit Brod. Da stürzte ihr Palast unter Donnergekrach zusammen und begrub unter seinen Trümmern die übermüthigen Bewohner; alle Fluren verödeten, und die Königin selbst starrt, in Stein verwandelt, empor, wie wir sie jetzt noch sehen, ihren Sohn in den Armen haltend.

Die Form einer Felsmasse am Gipfel des Berges hat dieser Fabel in der lebhaften Einbildungskraft des Tyroler Bergvolks den Ursprung gegeben.

Auf der Ostseite des Höttinger Bildes gelangt man nach dem auf einer höhern Stufe gelegenen Venusbade, dessen Mineralquelle für Frauenkrankheiten heilsam, schon im funfzehnten Jahrhundert bekannt war. Darunter auf der untern Stufe liegt der Ansitz —

Büchsenhausen, das eigentliche Ziel meiner heutigen Vormittags-Wanderung. Im sechszehnten Jahrhundert kam diese Besitzung an den berühmten Erzgießer Gregor Löffler, der ihr diesen Namen gab, weil seine Gußwerkstatt dabei stand. Seine Söhne Elias und Christoph, die ihrem Vater in der Höttinger Kirche ein wohlverdientes, ehernes Denkmal gesetzt haben, erhielten vom Kaiser das Recht, sich Edle von Büchsenhausen nennen zu dürfen. Sie verkauften die Besitzung an die Landesregierung, und die Erzherzogin Claudia an ihren Hofkanzler Wilhelm von Biener, welcher die hier begründete Bierbrauerei sehr in Aufnahme brachte.

Biener ist durch sein trauriges Schicksal bekannt geworden. Sein hoher Stand, die Liebe

seiner fürstlichen Gebieterin, die in ihm einen
großen Staatsmann besaß, machten ihn rücksichts=
los; dazu kam sein Hang zur Satyre; seine Ab=
neigung gegen Adels= und Priesterthum. Wenn
er daher auch bei Fürst und Volk beliebt war,
so haßten ihn jene Stände um so mehr. Kaum
war Claudia, seine Beschützerin, aus dem Leben
geschieden, so traten seine Feinde offen gegen ihn
auf; er wurde seines Amtes entsetzt, seine Woh=
nung wurde untersucht und aus seinen Papieren,
die man willkürlich zusammensetzte, eine Schmäh=
schrift, angeblich auf die Fürstin, entdeckt. Es
wurde ihm der Prozeß auf Tod und Leben ge=
macht; seine Ankläger und ärgsten Feinde waren
seine Richter. Ohne die Anklage beweisen zu
können, wurde er von ihnen zum Tode verurtheilt;
er rief die Gnade des Landesfürsten an, welcher
ihn auch sogleich begnadigte, allein seine Feinde
hielten den Eilboten gewaltsam zurück, so daß der=
selbe erst nach vollzogener Hinrichtung ankam.
Als ein gerechtes Strafgericht Gottes sah es das
Volk an, als bald darauf der Kammerpräsident
Schmaus, derselbe, welcher den Boten aufgehalten
hatte, plötzlich starb. Biener's Frau fiel über
jene schreckliche Verspätung in Wahnsinn. Noch
heute geht sie in den Nebengebäuden von Büchsen=

hausen als schwarz gekleideter Geist um, Rache fordernd für den Mord ihres Gemahls. Obgleich alle Güter Biener's an den Staat fielen, so stellte sie der Landesherr Ferdinand Karl 1659 sogleich seinen Kindern wieder zu. Späterhin kam Büchsenhausen an die Familie von Lima. Der jetzige Besitzer, Johann Nepomuk Mahl-Schedl, Ritter von Alpenburg, ist der Gemahl der letzten weiblichen Erbin dieses ursprünglich italiänischen Geschlechts, die eine Schönheit ist, deren südliche Abstammung nicht zu verkennen ist. In der Schloßkapelle sieht man ein schönes Hochaltarblatt und die zwölf Apostel; und an der Mauer neben der Treppe das Bildniß Benedikt Biener's, des Sohnes jenes unglücklichen Kanzlers. Auf dem Vorflur der Wohnungsräume des Ritters von Alpenburg sah ich Peter Anich's Tyroler-Karte zusammengeklebt an der Wand hängen. Aus den Fenstern des Ritters hat man eine entzückende Aussicht auf die Stadt und einen großen Theil des Unterinnthals und das jenseitige Hochgebirge. Die Brauerei ist noch immer im Gange. Sie liefert ein vorzügliches Bier und ist, weil ein Ausschank stattfindet, ein vielbesuchter Vergnügungsort der Innsbrucker.

Auf derselben Stufe wanderte ich zwischen

Häusergruppen fort und gelangte zu der nahen Weyerburg, von schönen, ehrwürdigen Baumgruppen umschattet. Die vordere Seite ist sehr fest und alt, und wird von Manchen für Römerwerk gehalten. Der älteste bekannte Besitzer ist der Ritter Tänzl von Tratzberg, 1450. Später kam die Weyerburg an Sigmund von Oesterreich. Sein Nachfolger Max I. erhob sie 1490 zum Edelsitz und wohnte hier oft zur Sommerszeit. Hier empfing er auch 1509 die um Frieden bittenden Gesandten der Republik Venedig, man zeigt noch den Thronhimmel, unter welchem Max saß, als er ihnen Audienz ertheilte. Von jetzt an ging das Schloß durch fürstliche, geistliche und Privathände. In der Kapelle sind schöne Gemälde und Marmorarbeiten, in den Gemächern des Schlosses Bilder von Holbein dem Jüngern, von Rubens, Cranach, Glasmalereien. Auch von dieser Seite erblickt man Innsbruck in seiner Herrlichkeit.

Von der Weyerburg geht's über den tiefen Einschnitt des Mühlauergrabens nach dem nahen Dorfe Mühlau, wo auch zwei Schlösser sind, Ehrenreiz, der gräflich Labroni'schen, und Grabenstein, der freiherrlich Sternbach'schen Familie gehörig.

In dem denkwürdigen Jahre 1809 war die

Baronin von Sternbach eine Heldin in mehrfacher Hinsicht. Nicht allein, daß sie fast ihren ganzen Viehstand dem Vaterlande zum Opfer brachte, sie ritt auch, mit Pistolen bewaffnet, allenthalben umher, doch besonders in der guten, weiblich ehrenhaften Absicht, vorkommenden Unordnungen zu steuern, und die Bauern nicht nur zu begeistern, sondern auch im Zaume zu halten. Lefèbre, der französische Marschall, der von seinem Herrn und Meister den Titel eines Herzogs von Danzig führte, erzürnt über seine an dem Muthe der Tyroler gescheiterten Pläne, ließ, um doch Etwas gethan zu haben, die Baronin nebst noch zwei Edlen, den Grafen Sarntheim und den Baron Schneeburg von Lichtenthurm, gefangen nehmen und nach Frankreich abführen. Frau von Sternbach wurde aus eben dem Grunde höchst unwürdig behandelt, so oft sie auch eigentliches Unheil selbst vom Feinde entfernt gehalten hatte; allein weder durch Schmähungen noch Drohungen ließ sie sich zu einer Herabwürdigung bewegen. Erst nach dem Wiener Frieden erhielt sie auf Verwendung ihres Landesherrn, des Königs Max Joseph von Baiern, in Straßburg ihre Freiheit wieder. Ihm allein hätte es zugestanden, die Baronin Sternbach durch irgend ein mildes Mittel während des Tyroler Aufstandes unschädlich zu machen; allein der sogenannte Schutzherr, Protecteur, des Rheinbundes übte auf die Mitglieder dieses Bundes eine Gewalt aus, kraft deren er in ihnen nur seine gehorsamen Diener, seine — Sklaven erkannte, innerhalb deren, ihnen belassenen oder allergnädigst verliehenen Gebiete er thun und lassen konnte, was er wollte.

Das war die Zeit von Deutschlands tiefster Erniedrigung! Kann sie wiederkehren? Warum denn nicht? Ich sage: Ja, sie kann und wird sich erneuern, wenn die Executive allein in den Händen der Fürsten bleibt, die nur ihr Interesse und das ihrer Familie kennen. Haben sie, die sich mit der göttlichen Gnade und dem Rechte der Echtheit oder Legitimität brüsten, nicht schon längst dem widerrechtlichen Besitzergreifer oder Usurpator der Macht, größten Theils in Person, den Hof gemacht und bei vorkommenden Fällen die Allergnädigste Berücksichtigung des Allerhöchsten Großgebietigers allerunterthänigst angefleht?

Nein! hör' ich Dich sagen, geliebtes Weib; und meine kleine Demokratin von 1848 fügt in ihrem deutschpatriotischen Gefühle hinzu: das deutsche Volk in seinen vier Stämmen der Sassen, Franken, Bojoarier und Schwaben ist wach und wird den Herren von G. G. schon sagen und zeigen, daß G. G. bei ihm, dem Volke, früher angefangen hat; als bei ihnen; daß beim Volke ein Urrecht ist, von dem das Herrenrecht entsprungen oder abgeleitet und erst dadurch ein Recht geworden ist, daß also die Herren nicht willkürlich verfahren und Etwas — verhandeln dürfen, von dem sie nur die Verwalter sind kraft des ihnen vom Volke durch Gottes Gnade gewordenen Auftrags.

In Mühlau, das kaum den vierten Theil der Größe von Hötting enthält, befindet sich eine umfassende Badeanstalt, bei der alles Mögliche, was beansprucht werden kann, vereinigt ist, selbst ein Schwimmbassin und eine Turnschule für gymnastische Uebungen nach schwedischem Prinzip. Hier starb am 10. Nov. 1840 Eßlair, der berühmte Darsteller des Wallenstein, des Tell, des Götz u. s. w.

Ueber die Mühlauer Brücke und durch den Hofgarten kam ich in einer halben Stunde nach der Stadt zurück, ging über den Rennplatz, um die Roßstandsäule des Erzherzogs Ferdinand noch einmal zu betrachten, welche mich, trotz ihrer Kleinheit, jetzt noch mehr als früher interessirte, weil ich eben aus Mühlau kam, dem Wohnorte Rein=

harbt's, des Künstlers, der dieses schöne Denkmal gegossen hat.

Der Vormittags-Spaziergang hat mich, besonders in seiner zweiten, größern Hälfte, durch Hötting und Mühlau, wo es beständig steilauf und steilab ging, ziemlich ermüdet, so daß ich nach Tische einer kurzen Ruhe bedurfte. Um drei Uhr bin ich nach dem Gebäude des Ferdinandeums gegangen.

Das Radetzky-Denkmal, welches in seiner jetzigen Gestalt am 19. März 1852, dem Namensfeste des Feldmarschalls, feierlichst aufgestellt wurde, besteht in einem monumentalen Schrank, in welchem die seit 1848 gesammelten und noch immer vermehrt werdenden Autographen enthalten sind. Auf dem Fronton des Schrankes prangt die wohlgetroffene Büste des Feldherrn, über dessen Haupte der Tyroler Adler mit dem immergrünen Lorbeerkranze schwebt.

Das Radetzky-Album ist abgetheilt in: 1) Gekrönte Häupter; 2) Feldherren und Kriegshelden; 3) Staatsmänner und berühmte Zeitgenossen vom Beamtenstand; 4) Gelehrte, Künstler, Dichter, Tondichter, ausgezeichnete Patrioten, und 5) verdienstreiche Tyroler und Vorarlberger.

Diesen schließen sich die Geschenke an, welche

theils am Anhang eingelegt, theils als Zierde aufgestellt sind, und zwar: 6) Autographien berühmter Verstorbener; 7) Gedichte, Proklamationen, Biographien, u. s. w.; 8) Portraits; 9) Zeichnungen, Bilderwerke, Büsten und andere Erinnerungs-Gegenstände; 10) Bücher; 11) das Stammbuch des Radetzky-Vereins, und 12) das Denkbuch.

Du siehst, liebes Weib, aus dieser Aufzählung, daß der Ritter Mahl-Schedl von Alpenburg, der Stifter dieses Schranks oder Denkmals, wie er ihn nennt, eigentlich einen Curiositäten- und Raritäten-Kasten angelegt hat, von dem er meint: „sein Inhalt sei lebendig, mit Geist und Seele rauschten aus ihm die Zeitstimmen und würden fortrauschen über die nie ruhenden wechselvollen Kämpfe der Menschen, um an der Todtenhalle des großen Menschenfreundes Radetzky auf dem Heldenberge zu Wetzdorf wie ein heiliger Hymnus für die Nachwelt fortzuklingen." Der liebenswürdige Ritter, hingerissen von seiner poetischen Stimmung und seinem Patriotismus, der nicht dem modernen Oesterreicherthum ausschließlich huldigt, sondern zunächst und vor Allem ein deutscher Mann ist, mag mit seiner Meinung nicht so ganz unrecht haben, wie entgegengesetzt auch die meinige ist, die ich in meinem gestrigen Briefe mit einem Paar Worten angedeutet habe.

Der Radetzky-Verein ist im Sturmjahr 1848 und am 1. März 1849 statutenmäßig geregelt worden. Der greise Feldherr spendete eigenhändig seinen Namen dazu und zwar unmittelbar auf der Wahlstatt von Novara, wodurch „dem Vereine eine höchst merkwürdig geschichtliche Weihe" verliehen worden ist. Das ist wiederum eine individuelle Ansicht des Ritters Mahl-Schedl, die uneingedenk ist, daß Thaten, wie sie 1849 von den kaiserlichen Waffen unter Radetzky's Führung bei Novara vollführt wurden, sehr leicht und sehr bald von anderen Thaten verdunkelt werden können; Magenta und Solferino 1859! Gab es doch damals schon unter den höheren Offizieren des kaiserlichen Heeres Leute, die da neidisch meinten, Radetzky's Feldzüge 1848 bis 1849 seien kein ernstes Kriegsspiel, sondern ein heiteres und lustiges Puppenspiel gewesen, hab' er es ja nicht mit geschulten und tapferen Waffenmännern, sondern nur mit feigen Rebellen zu thun gehabt; und doch zwangen diese Feiglinge den Erzherzog Sigismund und dessen mannhafte Grenadiere, von Bergamo abzuziehen, und den Feldmarschall selbst, Mailand zu räumen.

Der Radetzky-Verein besteht aus Tausenden von Mitgliedern aus Berg und Thal, die statutenmäßig durchreisende Invaliden pflegen, bewirthen, mit einem Zehrpfennig versorgen und für den vaterländischen Invalidenfonds sammeln. Innerhalb des ersten Decenniums von 1849 bis 1859 ist von dem Innsbrucker Central-Verein ein Gesammtaufwand von 12,274 Gulden bestritten und verrechnet worden. Ursprünglich lag der Gedanke vor, dem Feldmarschall Radetzky in Innsbruck ein Standbild von Erz zu errichten, allein davon hat der Ritter Mahl-Schedl, wie er sagt, „mit schwerem Herzen Umgang nehmen müssen," weil die erforderlichen Geldmittel nicht zusammenzubringen waren.

In der sechsten Abtheilung des — Raritätenkastens, wie ich vorher das Radetzky-Denkmal nannte, nämlich unter den Autographien berühmter Verstorbener, befinden sich auch die Schriftzüge von drei Offizieren des Tyroler Kaiserjäger-Regiments, die auf den italiänischen Schlachtfeldern von 1848 den Heldentod fanden, nämlich des Hauptmanns Kunzich und des Lieutenants von Hofer, des Enkels vom Sandwirth, die Beide am 8. April bei Goito fielen, und des Hauptmanns Freiherrn von Pirquet, welcher bei Ri=

voli am 22. Juli blieb Kunzich nahm, als sein rechter Arm zerschmettert war, den Säbel in die Linke und führte seine Mannschaften weiter in's Feuer; feindliche Kugeln schmetterten ihn todt zur Erde. Diesen drei Helden und einem gefallenen Gemeinen vom Tyroler Jäger=Regiment erzeigte Se. k. k. apostolische Majestät die „Gnade," ihre Gebeine in der Franziskaner=Hofkirche in ein ge= meinschaftliches Ehrengrab legen zu lassen. In dieser Sammlung von Autographien sind auch zwei von Andreas Hofer, „Edlen von der Sand= wirth," und eine von Joseph Speckbacher, eine dritte von der Freifrau Therese von Sternbach, der Kriegsheldin von 1809, deren ich weiter oben Erwähnung gethan habe. Dieses Autograph ist eine Inschrift und der Name unter Blumen, welches die kunstfertige Hand der Baronin gestickt hat.

Ich hoffe, es werde meiner geliebten Marie Freude machen, aus der ersten Abtheilung des Radetzky=Albums, worin sich gekrönte Häupter und andere fürstliche Personen verewigt haben, eine kleine — Blumenlese vor Augen zu haben.

Friedrich Wilhelm IV., König von Preußen, meint:

Ohne Liebe kein Muth, ohne Gerechtigkeit keine Ehre, ohne Ehre kein Glück; nur wer sich auf den Fels des Rechtes stellt, der steht auf dem Fels der Ehre und des Glücks.

Und des Königs Gemahlin, Elisabeth, unsere vielgeliebte Königin, sagt, indem sie zu Radetzky spricht, dessen Bildniß auf jedem dieser Albumblätter angebracht ist:

In Deinem Lager war Oesterreich!

König Ludwig von Baiern singt:

In der Zeit, da, wo den Andern die Lorbeern verdorren,
Blühen am blühendsten nun jugendlich herrlich sie Dir,
Greis an Jahren, doch jung an Kraft des Körpers und
Geistes,
Einzig, wahrlich! bist Du Oesterreichs rettender Held!

Und der Sohn, König Max, drückt den Gedanken des Vaters in Prosa mit den Worten aus:

Ein kluger, erfahrener und zugleich entschlossener Feldherr ist der edelste Stein in der Krone eines Monarchen. In seiner Hand liegt die Rettung oder das Verderben des Vaterlandes.

Herr Oskar Bernadotte, König in Schweden und Norwegen, glaubt der Ansicht sein zu dürfen: Radetzky werde den Tod selber vernichten durch die Unsterblichkeit seines Ruhms! — Was den Menschenkindern doch für hyperboräische Gedanken einfallen können!

Erzherzog Johann, weiland Verweser des ephe=

mer wieder erstandenen Deutschen Reiches, läßt
sich in langer Rede hören, die ich Dir, liebes
Weib, erspare, an deren Schluß er aber meint:
Durch Radetzky, seinen alten Freund, habe Gott
dem bedrängten Kaiserstaate einen mächtigen Schutz
und die alten Ueberlieferungen für Oesterreichs
Heil bewährt. — Da haben wir die alte Ge=
schichte von den österreichischen Ueberlieferungen,
die bei dieser Verweserschaft ein Deutsches Reich
nicht konnte zu Stande kommen lassen. Die vom
deutschen Volke geschaffene Eintagsfliege mußte
— bald in Verwesung übergehen!

Prinz Friedrich Wilhelm von Preußen giebt
— Jedem Verdienste seine Krone, dem Helden
aber die Lorbeer=Krone.

Konstantin, Großfürst von Rußland, will —
„für Gott, Kaiser und Vaterland!" — zu Felde
ziehen; ich denke, man hat's bisher „mit" Gott
gethan; im heiligen Rußland freilich sind abson=
derliche heilige Ideen im Schwange!

Prinz Karl von Baiern, FM. (d. h. Feld=
marschall), Bruder von König Ludwig, geht doch
etwas zu weit, wenn er sagt:— Nicht die ruhm=
gekrönte Austria allein, Europa selbst reicht dan=
kend den Lorbeer dem greisen Helden Radetzky.
— Wo ist Austria's Ruhmeskrone 1859 geblieben,

und wie sieht's heute in und um Europa aus? Prinz Karl's Minuten= und Secundenuhr hat ihn doch in diesem Falle bitter getäuscht.

Ich fühle mich beglückt, demnächst einem Lande anzugehören, welches den schönen Vorzug besitzt, einen thatkräftigen Kaiser, einen heldenmüthigen Radetzky und oft bewährte tyrolische Treue sein eigen nennen zu dürfen. — Diese Worte hat ein junges Mädchen geschrieben, Elisabeth, Herzogin in Baiern, damals verlobte Braut des „thatkräftigen Kaisers." Ist die junge Dame aus ihren süßen Träumereien erwacht? Wo ist Thatkraft, wo Heldenmuth, wo tyrolische Treue? Wir leben im Jahre des Heils, da man schreibt 1859!

Zwei sächsische Herzöge, Ernst von Coburg=Gotha und Bernhard von Meiningen, sind einig in dem Spruch: Fideliter et constanter! Bernhard's Gemahlin aber, Maria, hat das schöne Wort eingetragen: Zu Gott den Sinn, durch Alles hin! und noch schöner klingt das, was die Schwiegertochter, Feodora, Erbprinzessin zu Sachsen=Meiningen, geschrieben hat: Des Menschen wahre Hoheit ist Demuth.

Möchten doch alle von Gottes Gnaden geborene Menschen diesen Gedanken einer weiblichen

Seele, die mir als freisinnig-sittig, und darum als schön vor Augen steht, in ihr Herz graben!

Während ein Russe für Gott kämpfen will, will ein anderer Slawe, ein Serbe, es doch mit ihm versuchen; er will es mit dem Teufel in dreihundertfacher Zahl aufnehmen. Knikanin, der sich serbischer General unterzeichnet hat, sagt: — Nur zusammengehalten, Ihr Helden! Mit Gott ist Alles möglich; mit Gott könnt Ihr es selbst auf dreihundert Teufel wagen. — Und doch haben Radetzky's Nachfolger und ehemalige Waffengefährten, die österreichischen Helden von 1859, Nichts vermocht gegen Einen Teufel, wie sehr sie auch „mit Gott" in den Kampf gezogen sind, wie oft der liebe Gott um den Sieg angefleht worden ist, wie viel Messen in Kirchen und Kapellen und im Feldlager gelesen worden sind! Unwillkürlich kommt man auf den Gedanken, daß Gott nicht mit den kaiserlichen Waffen, und es ein ihm mißfälliges Unternehmen gewesen sei, als Graf Gyulay sie über den Tessin führte. Und der Teufel in der Einzahl rief den lieben Gott auch um Hülfe an in allen Tempeln seines höllischen Gebiets; und der liebe Gott hat den Teufel diesmal erhört, wie schon so oft. Ich möchte daraus den Schluß ziehen, daß, bevor man es

mit des serbischen Generals Knikanin dreihundert
Teufeln aufnimmt, es zuerst unsere Pflicht sei,
zu untersuchen, ob dem Herrn der Unterwelt ge=
genüber das Recht auf Seite seines Widersachers
sei; denn Gott schützt nur das Recht und die
Wahrheit.

Was meinst Du, geliebte Marie, zu dem fol=
genden Beitrag, der, wie der vorige, in der zwei=
ten Abtheilung des Albums steht, und Heyntzel,
FML. unterzeichnet ist:

  Mit Gott für Recht und Ehre!
   Rief ich, als mich der Held
  Radetzky mit dem Heere
   Zum Sieg geführt in's Feld.
  Mit Gott für Recht und Ehre!
   So rief ich dienstbereit,
  Ob er nach mir begehre
   Im Frieden oder Streit.
  Mit Gott für Recht und Ehre!
   Soll auch mein Leichenstein —
  Entsinkt mir einst die Wehre —
   Schlicht überschrieben sein.

Das ist, so dünkt mich, brav gesprochen, würdig
eines wackern Soldaten, wie es der Feldmarschall=
Lieutenant Heyntzel im Krieg und im Frieden
immer gewesen ist. Als die Revolution von 1848
in Italien ausbrach, war er Oberst und Com=
mandeur des Infanterie=Regiments Erzherzog

Sigismund, welches in Bergamo in Besatzung lag. Er war es, dem es gelungen sein würde, den wüthendsten Volksaufstand zu bändigen, wenn er nicht Befehl zum Abzug erhalten hätte, der nur unter dem heftigsten Straßengefecht, bei dem Steinmassen und andere schwere Körper, siedend Wasser und siedend Pech von den Dächern und aus den Fenstern der Häuser auf die kämpfenden Truppen in den verbarrikadirten Straßen der Ober= und Unterstadt geschleudert wurden, vollzogen werden konnte. Der erzherzogliche Regiments=Inhaber, der als Brigade=Commandeur in Bergamo stand, entschlüpfte bei Zeiten durch eine Hinterpforte und verstand es, durch das in Feuer und Flammen stehende aufständische Landvolk nach Mailand, einem Aale gleich, sich hindurchzuschlängeln. Heyntzel war nach der Zeit Jahre lang Stadt=Commandant in Pesth, wo er sich durch Geradheit des Charakters, durch Rechtssinn und Humanität die Achtung, ja die Liebe der aufsäßigen Bevölkerung, die nach der Revolution von 1848—49 kaum beschwichtigt worden ist, zu erwerben gewußt hat. Der Feldmarschall=Lieutenant ist im Besitz eines Kleinods, — einer schönen, gebildeteten, kenntniß= und geistreichen Frau. Pesth, sagte mir ein Offizier, der lange Zeit da=

selbst in Besatzung gelegen, ist wegen der Schön=
heit des andern Geschlechts, besonders unter den
Serbinnen, berühmt, das schönste Weib aber war
vor sechs Jahren die Gemahlin des Stadt=Com=
mandanten.

Dr. Karl von Spruner, königl. baier. Oberst,
und zur Zeit Flügeladjudant seines Königs Max,
läßt sich also vernehmen:

> Wie eine Sonne über beiden strahlt,
> Wie einer Sprache eng verwandte Laute
> Die beiden Nachbarvölker Brüder nennt;
> Wie ein Strom zieht durch beider Segensauen,
> So eine auch ein eng verschlung'nes Band
> Fortan den Oesterreicher und den Baier,
> Die beiden Häuser Wittelsbach und Habsburg.

Wenn ich erst wieder in München bin, hätt' ich
große Lust zu dem Herrn Obersten zu gehen, und
ihm die — bescheidene Frage vorzulegen: Haben Sie,
lieber Doctor, über all' Ihren gelehrten histori=
schen Landkartenkram, womit Sie die deutsche
Jugend erfreut, alle Geschichte vergessen? —
Nein, wird der Herr Oberst mir antworten, ich
habe nur einen frommen Wunsch aussprechen
wollen. — Weil eben ein unschuldig baierisches
Herzogskind vom Wurmsee nach Wien gerufen
worden ist an die Seite eines „thatkräftigen Kai=
sers", nicht wahr, lieber Oberst? Aber erwägen

Sie doch an der Hand der Geschichte, daß die Weiber es nicht sind, welche der Hauspolitik ihre Richtung geben, also wird's Elisabeth von Pfaffen=hofen eben so wenig thun, als die Vorfahren ihrer Schwestern aus Baiern und Oesterreich. Ge=statten Sie mir auch, werther Herr Doctor, die Bemerkung, daß man die Kinder nicht nach der Mutter, sondern nach dem Vater zu nennen pflegt. Der letzte männliche Nachkomme Rudolph's von Habsburg starb aber vor länger als hundert Jahren, das wissen Sie doch. — Freilich weiß ich es, wird der gelehrte Historiker antworten; es war im Jahre 1740!

Herr Ludwig v. d. Pfordten, königl. baier. Minister=Präsident, hat zum Album Eine Zeile beigesteuert, worin er Das wiederholt, was er im Hause der Abgeordneten zu München und in diplomatischen Noten so oft geäußert, nämlich:

Kein Deutschland ohne Oesterreich!

Einverstanden! So weit es sich um die, zum Deutschen Reich gehörig gewesenen, Länder und deren Bevölkerung handelt. Meinen Sie, geehr=tester Herr Dr. v. d. Pfordten, aber auch öster=reichisches Regierungswesen, mit römischer und jeder Priesterherrschaft an der Spitze, so müssen wir uns das in Deutschland doch verbitten!

Drei Minister Sr. k. k. apostolischen Majestät eröffnen den Reigen in der dritten Abtheilung des Albums.

Graf Buol=Schauenstein, Minister=Präsident (zu Deutsch: Vorsitzender der Bedienten) verkündet in vier Zeilen: — Der Same ist gesäet, die Pflanze reist, Aus gutem Boden Auf zur Frucht. — Dazu erlaub' ich mir die Glosse: Wer Wind sät, erntet Sturm!

Freiherr von Bach, Minister des Innern, hat Eine Zeile eingetragen: — Besonnen, aber entschieden vorwärts! — Besonnenheit heißt in Wienerisch=Hochdeutsch übersetzt: Nur keine Ueberstürzung! und Entschiedenheit ist ein Wort, das die österreichische Staatspraxis in den letzten zehn Jahren im Wörterschatz der deutschen Sprache ausgestrichen hat; das konnte freilich der vereinsamte Wiener Advokat nicht hindern, weil die Sonne des repräsentativen Volksfürstenthums, die in neuerer Zeit am Staatenhimmel aufgegangen ist, von den Herren der Verfinsterung und den Trägern der Kirchensatzungen abgeblendet ist. Unter unseren heutigen Aerzten giebt es mehr als einen, der nicht weiß, wo seine Heilmittel wachsen. Eben so ergeht es, wie es scheint, dem gescheiten Rechtsgelehrten Bach, und wenn er es auch weiß, so darf er's nicht sagen, aus Furcht, er möchte als Zauberer und Hexenmeister der Inquisition in Rom übergeben werden, bei der er jetzt als bevollmächtigter Bedienter des treuen Sohns der Kirche beglaubigt ist. Auch wußte er, als erster Verweser der inneren Angelegenheiten, es sehr gut, daß, wie schwer es ist, gute Gesetze zu machen, es noch viel schwerer ist, sie in Vollzug zu setzen. Wohin? lehrt Weisheit; woher? Geschichte; Staatskunde sieht das Heute; Staatsklugheit regelt das Morgen; wie? abgestuft nach jenem Wohin. Ein wahrer Spruch, den ich irgendwo gelesen habe.

Der dritte Minister ist Herr Bruck, der baronisirte Comptoirist von Elberfeld, der sich als Finanzminister also vernehmen läßt:

>Oestr'eich, in Freud' und Leid'
>Trag' ich Dein Ehrenkleid,
>Schneeweiß und schwanenrein,
>Leid' keinen Flecken d'rein; .
>Hoch Oestreich, hoch!

Stein, einst der Eckstein und Edelstein der deutschen Nation, hat irgendmal gesagt, wann und wo weiß ich in diesem Augenblicke nicht: daß Derjenige, welcher sein Vaterland verloren habe, nothwendig ein Abenteurer sei. Wie können sich selbst die scharfsinnigsten Köpfe zuweilen irren! Stein hat vergessen, daß, wer sein Vaterland auf=

giebt, ein neues gewinnen könne. Mächte und Staaten, bemerkt ein alter Schriftsteller, der den Namen Montesquieu führte, die der Handel aufrichtet, erheben sich nach und nach, ohne daß man's merkt. Das läßt sich auch von Einzelwesen behaupten, von denen der Ruhmsüchtige unfähig ist, sich vorzustellen, daß die Großen, von denen er gesehen wird, anders von ihm denken könnten, als er von sich selber.

In der vierten Abtheilung steht Jakob Grimm mit den Worten:

Welchem Deutschen hätte nicht Radetzky's Sieg über die Wälschen froh das Herz bewegt? Möge unser theures Vaterland einmal innen zur Freiheit und Einigkeit erstarken, dann wird es uns ein leichtes Spiel sein, frisch erblühende Helden an unserer Seite, alle Feinde von Außen abzuwehren.

Fromme Wünsche für Freiheit und Einigkeit! Ich glaube, der gute Jakob hat sich verschrieben, statt Einigkeit wollt er doch sicherlich — Einheit schreiben. Wünschen ist Nichts, Handeln ist Alles!

Von den Poeten vom Handwerk hab' ich im Album wenig Bemerkenswerthes gefunden. Was mir zugesagt hat, sind Verse vom Weinsberger Geisterseher. Sie lauten so:

Oft pflegt das Alter ihr zu schelten
Ihr Jungen! nennt es dumm und schwach,
Nur ihr, ihr seid die starken Helden,
Schlagt Gott und Teufel auf das Dach.
O schaut, ihr Helden mit der Feder,
O schaut, ihr Helden mit dem Maul,
Vorschielend unterm Spritzenleder
Den Held Radetzky auf dem Gaul,
Wie er ein Cid auf hohem Rosse
Schaut, zählend drei und achtzig Jahr,
Und trägt nach Mailands Marmorschlosse
Sieghaft zurück den deutschen Aar.
Dies Bild beschaut euch, liebe Jungen,
Und denket, daß ihr (seht's und schweigt),
Habt ihr dies Alter einst errungen,
Nicht einen Esel mehr besteigt.

Kaum glaub' ich nöthig zu haben, Dich, liebe Marie, zu erinnern, daß Justinus Kerner mit dem Vorschieler unterm Spritzenleder seinen Genossen, den Herwegh, meint, der, als er den republikanischen Putsch in Baden zu Wagen mitmachte, sich unter dem Spritzleder verkroch, als er die ersten blauen Bohnen, die preußische oder Reichs-Völker ihren Mordinstrumenten entlassen hatten, ein gewisses verdächtiges Pfeifen in der Luft um ihn erregen hörte. Desselbigen Gleichen that Herrn Herwegh's Frau Gemahlin, die bei ihm in der Kalesche saß. Die republikanische Heldin ist, wie Du weißt, in Berlin zu Hause, wo Du Dir von ihrem Vater, dem Herrn Sigmund, Wohlgeboren, Schloßplatz und Breitestraßen=Ecke, manche Elle Kattun oder Baumwollenzeug unter anderm Namen haft abmessen lassen. Wenn aber Justinus meint, der Held Radetzky, der ein Goldheld war, habe den deutschen Aar siegreich nach Mailands — Castell zurückgetragen, so schwebte dem Geister= seher einmal wieder eins seiner gewöhnlichen Ge= spenster vor, das er bei der Blendung des Augen= lichts nicht von dem Aar unterscheiden konnte, welcher seit 1806 kein deutscher mehr ist, sondern ein spezifisch österreichischer. Der erste österreichische Kaiser, zugleich letzter römischer Kaiser deutscher Na= tion, hat ihn sich unrechtmäßiger Weise angemaßt. Die Erzherzöge führten ein anderes Sinnbild im Wappen, als das Deutsche Reich; und dieses hat jenen nie die Berechtigung eingeräumt, seinen zweiköpfigen Aar auf sich zu verpflanzen.

    Das beste Gut,
    Das Gott verleiht;
    Ein fester Muth
    In schwanker Zeit.

ist Emanuel Geibel's Motto, dem man nur Bei= fall zollen kann. Aber wo ist Muth, noch dazu fester, in dieser schwankenden Zeit? Und zündete man eine Fackel mit elektrischem Lichte an, ihn zu suchen, und vermöchte man es, die Intensität des Sonnenlichts zu verdoppeln, nirgends in maßgebenden Kreisen ist Muth zu finden!

Ein anderer Münchner Künstler, der ein Münchnerkindl in's Album zeichnete, —

<blockquote>
Hat es wahrhaftig nicht gedacht,
Als er die Hunnenschlacht gemacht,
Das heut zu Tag und auf der Erde
Noch ein Radetzky nöthig werde!
</blockquote>

O, es werden noch mehr nöthig werden, als einer! Du aber, Wilhelm Kaulbach, solltest die Völkerschlacht bildlich machen zur Reizung des jungen Geschlechts im Nacheifer der großen Vorfahren von Anno 13!

Dr. Mosenthal in Wien, der Comödiant, schreibt:

<blockquote>
„Das ein'ge Oesterreich unheilbar ist,
Zerfallen muß es mürben Scherben gleich!"
Du sprachst: Hier ist das einige Oesterreich,
Versuchet denn, wie leicht es theilbar ist.
</blockquote>

Mag er sprechen, mag er schreiben, immer ist er bewundernswerth in Sinnsprüchen, die anderen Leuten, z. B. mir, als Hokuspokus vorkommen. Wo ist das einige Oesterreich? Ueberall und nirgends! Ueberall Spaltung im Volksthum, Beamtenthum, Priesterthum, Heerthum, selbst im fürstlichen Familienthum; nirgends Einigkeit. Und wie leicht es theilbar sei, das haben wir denn doch eben erst auf der blutigen Bahn von Montebello und Magenta nach Solferino und Villafranca erlebt. Nicht übel wär's von Herrn Dr. Mosenthal, diese Bahn auf die Bretter zu bringen. Die vielleicht einem Delirium nahe kommende Aufnahme, welche sein Stück finden könnte, würde beweisen, daß dem Dichter die Zeichnung wohl gelungen und der Wirklichkeit so entnommen sei, die Anerkennung zu einer allgemeinen zu machen. Die beiden ersten Strophen Mosenthal's drücken die Sachlage aus, wie sie ist, mag man seinen Blick nach Böhmen und Mähren oder hierher nach Tyrol wenden. Was einmal nicht mehr bestehen kann, muß früher oder später untergehen. Für das Kaiserhaus Lotharingen=Oesterreich, will es auch fernerweit die Rolle der Großmächtigkeit spielen, bleibt als letzter Rettungsanker nur der Boden des Landes, den der Kanonendonner in Italien auch erdröhnen ließ. Aber der Anker kann und wird nur dann Platz greifen, wenn das Recht wiederhergestellt wird und die Einträchtigkeit in der Forderung der Unabhängigkeit Ungarns Achtung und Beachtung findet. Ungarns König kann nur in Folge seiner verfassungsmäßigen Stellung und Hand in Hand mit der Volksvertre=

tung herrschen. Man berufe sich nicht auf das Recht der Eroberung von 1849. Nicht Eroberung war es, Niederwerfung eines berechtigten Aufstandes, die nur mit Hülfe von Kosaken möglich wurde. Kläglicher, als man es seitdem gemacht, konnt' es nicht geschehen. Aber Alles läßt sich machen, wenn nur der rechte Mann da ist!

Die beste unter den Gaben, welche von den Poeten zum Radetzky-Album beigesteuert worden sind, ist, weil sie sich ausschließlich an den Gefeierten hält, von Deinhartstein:

> Für Recht und Pflicht das Schwert gezückt,
> Den Blick zum Himmel unverrückt,
> Beschützend mit der Heldenhand
> Den Kaiser und das Vaterland,
> Das Herz an Menschenliebe reich,
> Ein Kriegs- und Friedensfürst zugleich,
> Im Handeln stark, im Strafen mild.
> Das ist — Radetzky's Lebensbild.

Und Alle, die den „Alten" gekannt, und in Italien unter ihm gedient haben, sagen: Deinhartstein hat recht gezeichnet: in diesem Bilde des Dichters ist nicht geschmeichelt, wie so Viele gethan, was der Denkungsart des Marschalls ein eben so großes Gräuel war, als die rohe Gewalt, die unter der Mehrzahl seiner Standes-Genossen gleichen oder ähnlichen Rangs gegen Untergebene wie gegen Leute des Bürgerstandes in schroffen Zügen hervortrat. Humanität im weitesten Sinne des Worts waltete in des „Alten" großer Seele, die in den schwierigsten Lagen seiner Soldatenlaufbahn Selbstverleugnung übte, wie selten. Gleichgültige Lässigkeit stand ihm fern! Die eifrigste Anstrengung und der eisernste Fleiß in seinen Dienstverrichtungen waren ihm zur andern Natur geworden.

Und hiermit schließ' ich die Blumenlese aus dem Radetzky=Album und die kritische Musterung, mit der ich sie meinem geliebten Weibe vorgelegt habe. Besser ist es, wirst Du sagen, ein Scherzwort, das uns entschlüpfen will, unterdrücken, als irgend Jemandem Aergerniß geben. Und Du bist vollkommen im Recht, mich daran zu erinnern, weil ich fühle, daß mir manch' kritisches Wort entschlüpft ist, nicht aber als Scherz, sondern als — bitterer Ernst! Nimm es mit Nachsicht auf. Ist er ja nur für Dich geschrieben der wild hingeworfene Ausdruck meiner Gedanken, und mehr, als ich bin, kann ich in meinem Leben — nicht sein.

Das, die elfte Abtheilung des Radetzky=Denkmals bildende, Stammbuch enthält die Namen aller in Tyrol und Vorarlberg lebenden Vereins=

mitglieder, welche sich mit patriotischem Eifer als treue Wächter der äußersten deutschen Felsenburg Tyrol verbrüdert haben. Auch sind im Stammbuche die gefeiertsten Namen aus allen Ländern als Ehrenmitglieder eingetragen. Das Denkbuch, in der zwölften Abtheilung, ist für fremde oder einheimische Reisende bestimmt zur Einzeichnung ihres Namens mit freundlichen Erinnerungsworten in gebundener oder ungebundener Rede, je nach Wahl, Geschmack und — Reimgabe!

Ich erschrecke, Herzens-Marie, vor der Ausdehnung, die dieser Brief unwillkürlich bekommen hat. Schilt nicht, wenn ich Dir zumuthe, alles Das zu lesen, was ich, nach der Vormittagswanderung durch die Naturpracht der nächsten Umgebung von Innsbruck, aus dem Schaubach abgeschrieben habe. Sein Buch ist das beste, was jemals über das deutsche Alpenland geschrieben und gedruckt worden ist.

Lebe wohl, Du der Tugend reinstes Glanzbild und meines Lebens höchster Stolz!

Dein getreuer Karl.

43.

Innsbruck, 8. Novbr. 1859.
Früh am Morgen.

Geliebtes Weib!

Gestern Nachmittag, als ich vom Ferdinandeum heimkehrte, bewölkte sich der Himmel und Abends fing es an zu regnen; heute sah ich, als ich zum Fenster hinausblickte, alle Berge, so weit sie innerhalb des Gesichtskreises meines Zimmers liegen, bis tief herab mit Schnee bedeckt; auch hier unten im Thal mischen sich Flocken unter die Tropfen. Ich verurtheile mich freiwillig zum Stubenarrest, um Dir noch das Eine und Andere von Innsbruck zu erzählen, dessen Name von den Einheimischen Ihnspruck ausgesprochen wird; die Landesmundart kennt keinen Inn, sondern nur den Ihn!

Innsbruck ist in Deutschland diejenige Stadt, welche, wie es mir scheint, am längsten ein Theater besitzt; denn das hiesige Nationaltheater ist im Jahre 1653 gestiftet worden. Das Gebäude steht am Hofgarten, der kaiserlichen Burg gegen= über, dieser mit der ganz hübsch aussehenden Vor= derfront zugewendet. Der Saal, weit größer als der des königl. Schauspielhauses in Berlin, ist, ohne

Ueberladung, geschmackvoll verziert. Unterhalten wurde das Theater auf Kosten der tyrolschen Stände, und jetzt, da deren Thätigkeit sistirt ist, durch freiwillige Beiträge von Freunden der schönen Künste unter Verwaltung eines Ausschusses.

Der 4. November war zur Ausführung einer Festoper bestimmt, die nicht blos Innsbruck, sondern das ganze Innthal, ja selbst einen Theil von München in Bewegung setzte. Es war derselbe Tag, an dem ich hier ankam. Der Bahnzug, den ich bei Brixlegg bestieg, war fast nur mit Leuten besetzt, die in's Theater wollten, und auf jeder Station kamen neue hinzu. Es handelte sich nämlich um das Erstlingswerk eines vaterländischen Tondichters, und das zu hören, durfte sich kein braver Tyroler entgehen lassen, um so weniger, als der Stoff der Oper aus der Tyrolergeschichte entnommen worden, und darin ein Glanzpunkt ist. Der junge Componist heißt Nagiller, seine Heimath Münster, ein Pfarrdorf im Unterinnthal, nicht weit von Brixlegg. Mit äußerer Schönheit paart sich in seinem Wesen Geist, Gemüth und Liebenswürdigkeit und eine Bescheidenheit, wie man sie bei Kunstjüngern, die zum ersten Mal in die Welt treten, selten findet. Ich erinnere Dich nur an Fritz Haase, des könig=

lichen Kammerdieners zu Potsdam Sohn, wie der, als er zum ersten Mal in unserm Hause an der Obula die Liebhaberbretter betrat, hoffärtig war und unerträglich in seinem Urtheil über die größten Mimen jener Zeit. Durch Nagiller's freundliches Entgegenkommen hatt' ich eine Einlaßkarte zur Festvorstellung bekommen, für Geld und gute Worte wäre keine zu haben gewesen, alle Plätze des großen Hauses waren schon Tage vorher vergeben. Der Erzherzog-Statthalter, der von Nagiller eigens eingeladen worden war, erschien nicht, weil es der Todestag war, an welchem er ein Jahr vorher seine junge Gemahlin verloren hatte. Das Haus war zum Erdrücken voll. Draußen stürmte der Föhn noch mit voller Kraft. Er war die Ursache, daß der Anfang der Vorstellung sich verzögerte; denn es wollte nicht gelingen, die Lampen des Kronleuchters anzuzünden, um es zu erzielen mußte er bis in's Parterre herabgelassen werden.

Da das ständige Personal des Innsbrucker Theaters nicht musikalische Kräfte genug besitzt, um große Chöre zur Aufführung zu bringen, und an diesen Nagiller's Oper sehr reich ist, so hatte der Componist Männer- und Frauenchöre aus Dilettanten unter den Studenten der Universität und jungen Damen der Stadt zu bilden gesucht, die ihm zu Ehren eines vaterländischen Werkes bereitwillig entgegengekommen waren. Nagiller war von München, wo er lebt, mehrmals nach Innsbruck gefahren, um seine freiwilligen Chöre einzuüben. Als er, am Pult stehend, den Commandostab in der Hand, die Partitur aufschlug, und den ersten Taktschlag machte, rauschte ihm das Publikum Beifall entgegen, der nicht enden wollte. So begrüßten die Tyroler ein junges vaterländisches Talent. Endlich begann die Ouvertüre. Erneuerter Beifall; und nach jedem Akt, wie am Schluß ein Hervorruf des Ton= und des Textdichters.

Die einzelnen Schönheiten dieses musikalischen Kunstwerkes kann ich nicht zergliedern, weil mir dazu das Zeug fehlt; nur den Totaleindruck kann ich nennen, und der ist ein angenehmer, ein wohlthuender gewesen, ein Duett zum Entzücken schön, das Ohr berauschende Arien des Sopran und des Tenor, rollende Chöre unter Orchesterbegleitung, die einigermaßen an die Tonstücke erinnert, welche die Musik der Zukunft genannt wird.

Der Graf Friedrich von Tyrol, den seine unglücklichen und romantischen Schicksale, seine Tapferkeit und seine Volksfreundlichkeit und Volksliebe so berühmt gemacht haben, daß sein Name noch heute in allen Thälern lebt, derselbe, dem die Historiker nach dem Vorgange seiner zeitgenössischen Feinde höchst alberner Weise den Namen „Friedel mit der leeren Tasche" gegeben haben, hat den historischen Stoff zu Nagiller's Oper geliefert.

Graf Friedrich gehörte zu den wenigen deutschen Fürsten, welche auf der Kirchenversammlung zu Kostnitz die Partei des abgesetzten Papstes, Johannes XIII., nahmen und dafür in den Kirchenbann gethan wurden. Der deutsche Kaiser Sigismund, ein Anhänger der Gegenpartei auf dem Kirchentage, fand darin eine Gelegenheit, die alten Ansprüche des Reichs auf Tyrol von Neuem geltend zu machen, und sprach deshalb die Reichsacht über den Grafen Friedrich aus. Durch Graubünden zog er mit seinen Schaaren gegen Tyrol heran. Friedrich's Lage wurde um so kritischer, als die Edelen des Landes, ihrer alten Unabhängigkeit immer noch eingedenk, dieselbe durch ein Bündniß mit dem Kaiser wiederherzustellen hofften, und sich Friedrich's eigener Bruder, Graf Ernst der Eiserne, an die Spitze dieser Gegenpartei im Lande stellte.

Da entfloh Friedrich heimlich und verkleidet von Constanz in die heimathlichen Berge. Ueber den Arlberg kam er nach Landeck, trat dort als fahrender

Sänger vor dem Volke auf und sang sein eigenes Unglück. Als er nun die Theilnahme seiner Zuhörer bemerkte, gab er sich ihnen zu erkennen, ihre Hülfe ansprechend. Dann durchwanderte er das Oeztthal und fand hier, wie in Landeck, denselben Beistand. Ueberall standen die treuen Bauern für ihn auf, und bald sah er sich an der Spitze mächtiger Heerhaufen, mit denen er die Burgen des sich wider ihn erhebenden Adels brach und sich wieder in Besitz des ganzen Landes setzte. Als er auch die Schlösser der adeligen Herren im Etschthal, wo der Widerstand am heftigsten war, gebrochen hatte, und der Dichter Oswald von Wolkenstein, sein eifrigster und gefährlichster Gegner, in seine Gefangenschaft gerathen war, gab Graf Ernst seine selbstsüchtigen Absichten freiwillig auf, und beide Brüder schlossen auf der Veste Kropfsberg im Unterinnthale einen Frieden, der Sigismund's Absichten, welcher nicht im Stande war, aus eigenen Mitteln allein den Kampf fortzusetzen, gänzlich zu nichte machte.

Diese Periode aus dem Leben Friedrich's mit der leeren Tasche bildet den Gegenstand von Nagiller's Tondichtwerk, dessen Text sich an die Geschichte eng anschließt, versteht sich mit jener romantischen Ausschmückung, die einer jeden Dichtung erst Reiz verleiht. Daß ein Stück wie dieses bei dem lebhaft empfindenden und an sein Heimath= land so fest haltenden Bergvolke, wie das tyrolsche ist, den lebhaftesten Anklang und Beifall finden mußte, darf ich meinem lieben Weibe nicht erst sagen. Die Klänge der heimathlichen Volkslieder, die der Componist mit großem Geschick in die Töne der eigenen Phantasie zu verweben und zu ver= schmelzen gewußt hat, trugen nicht wenig bei, den rauschenden Beifall zu erhöhen. Denke Dir, liebe Marie, dazu noch die neuen Decorationen, die, von einheimischen Künstlern gemalt, nach der Natur eigens aufgenommen worden sind, und Du wirst es erklärlich finden, daß der ersten Auf= führung in den folgenden Tagen wiederholte fol= gen mußten, die einen gleichstürmischen Beifall gefunden haben. Wesentliche Unterstützung ge= funden hat Nagiller in den, bei der Darstellung wirkenden, Kräften des Nationaltheaters und des Dilettanten=Chors, die er selbst nicht genug zu loben weiß.

Die Innsbrucker Hochschule, die von ihrem Stifter und Wiederhersteller den Namen Leopold= Franzens=Universität führt, ist nicht eine vollstän= dige Universität in dem Sinne, welchen man an die höchste Unterrichtsanstalt knüpfen muß; denn sie besteht uur aus zwei Fakultäten, der juristischen und der philosophischen, davon einer jeden das Recht zusteht, den Doctorhut zu verleihen. Von den Lehrern an dieser Hochschule hab' ich keinen kennen gelernt. Daß die Lehrkanzel der Physik und Chemie, so wie auch die der Geschichte, insonderheit der vaterländischen, mit tüchtigen Lehrkräften besetzt, und das chemische Laboratorium vortrefflich eingerichtet sei, sagt man mir. Das Gymnasium ist in den Händen der Jesuiten. Damit ist Alles gesagt, was man von einer höhern Unterrichtsanstalt sagen kann, die den Menschen zum Menschen erziehen, das heißt, ihn denken lehren soll.

Und nun hab' ich Dir, geliebtes Weib, Alles erzählt, was ich von Innsbruck weiß. Vom geselligen Leben, ob es ein Familien- oder ein Wirthshausleben der Männer sei, wie es in München meist der Fall ist, hab' ich Nichts erfahren.

Morgen fahr' ich nach München zurück, um an der dortigen Schillerfeier Theil zu nehmen, zu der ich eingeladen bin. Im Strudel dieser Feierlichkeiten, die auf's Großartigste angelegt sind, werd' ich nicht Muße finden können, mich mit Dir, theures Weib, zu unterhalten; dagegen hoff' ich mit einem Liebeszeichen aus der Obula=

heimath erfreut zu werden; und wär' es auch ein noch so kleines, es wird mich beglücken.

Von München geh' ich in die Berge zurück nach Schloß ——. Denn ich habe gestern Abend ein zweites Schreiben vom Baron Joseph von Y. empfangen, worin er mir sagt, daß er erkrankt sei und deshalb nicht nach München fahren könne. Er ladet mich bringend ein, ihn zu besuchen. Mit diesem Briefe an Dich geht auch ein zweiter an ihn ab, der ihm meldet, daß ich nach der Schillerfeier seiner freundlichen Einladung Folge leisten würde. Ich kann sie nicht ablehnen, blick' ich auf die langjährige Freundschaft zurück, die mich an den Biedermann knüpft. Von Schloß —— werd' ich daher zuerst wieder von mir hören lassen.

Kaum darf ich erwähnen, daß diese Innsbrucker Briefe auch an August gerichtet sind, für den sie, ihrer topographisch=historischen — Plagiatssünden halber, vielleicht mehr Interesse haben werden, als für Dich, liebes Weib!

Also — im Castell des Baierischen Hofes zu München seh' ich einem Briefe von Dir, und vorzüglich Deinem sanften und scherzhaften Tadel, der mich immer freut, weil er mich bessern soll, mit innigster Begierde entgegen. Du kennst die

Freude, die ich stets darin gefunden, von Dir mich zurecht weisen zu lassen, und darum tracht' ich, einige Fehler absichtlich aufrecht zu erhalten, um dieses Genusses nie zu entbehren.

In herzlichster und treuester Liebe Dein
Karl.

44.

Schloß — —, im — — thal, 15. Novbr. 1859.

Meine theuerste Marie!

Was ich in München so sehnlichst erwartet, ist nicht eingetroffen, keine Zeile hat mir gesagt, wie es Dir geht! Ich hege die Besorgniß, es könne Dir Unangenehmes zugestoßen sein, was Dich abgehalten, meinen Wunsch nach einem Briefe zu erfüllen. Und dann tröst' ich mich wieder. Womit? Mit dem Gedanken, Du werdest mit August nach Berlin gefahren sein, um der Schillerfeier beizuwohnen, die, wie die Zeitungen melden, dort in der — Hauptstadt der Civilisation (?) ein so ungesittetes, pöbelhaftes Ende genommen hat. Die bureaukratischen Hemmnisse, die man in Berlin dem Privat=Schiller=Verein in den Weg gelegt, weil man darin demokratische Elemente zu wittern meinte, hört' ich in München lebhaft tadeln von Männern der Wissenschaft und Kunst, die nach ihrer politischen Stimmung nichts weniger als der Volks=Herrschaft huldigen, sondern echte Conservative sind, die auf dem Standpunkte des repräsentativen Volksfürstenthums stehen, das in Baiern in allen Schichten der Gesellschaft festen Fuß gefaßt hat, wie ich Dir, liebes Weib, in einem frühern Briefe des Weitern auseinander gesetzt habe. Jene Männer finden in der von dem Minister des Innern, Grafen Schwerin, ergriffenen Maßregel, der zufolge die Staatsregierung, in Gemeinschaft mit dem Stadtregimente, der Schillerfeier sich bemächtigt, weiter Nichts als ein von der Noth abgedrungenes Beschwichtigungsmittel der durch Polizeiverbote aufgeregten Gemüther, und klagen die preußische Regierung der Schwäche an, die, wie in der italiänischen Kriegsfrage, nun auch bei diesem Nationalfeste des deutschen Volks wiederholt von ihr an den Tag gelegt worden sei. Da solle man noch Vertrauen haben! lautet der Refrain der Rede, die mit anhören zu müssen sehr empfindlich ist. Um meine Meinung befragt, hab' ich mich immer der Formel bedient: Um ein Urtheil fällen zu können, muß man die Akten vollständig gelesen haben.

Den Baron Joseph von Y. hab' ich unwohler gefunden, als ich nach seinem Briefe erwartete. Bei meiner gestrigen Ankunft auf diesem Schlosse fand ich ihn zu Bette. Heute ist er aufgestanden, mir zu Lieb', wie er sagt. Er leidet an einem intermittirenden Fieber, das hartnäckig zu werden droht.

Aus freien Stücken, ohne Anregung von meiner Seite, hat er mir Alles erzählt, was ich aus eigener Anschauung und Wahrnehmung im Jahre 1856 wußte. Als er seine Erzählung begann und während derselben sah ich es ihm an, wie er mit sich kämpfte, wie er nach Fassung rang, mir Dinge zu offenbaren, gegen die eines jeden Menschen sittliches Gefühl sich empört. Aus jener Zeit hab' ich nichts Neues erfahren, wußt' ich doch Alles. Dem Baron J. aber bin ich dankbar verpflichtet, daß er bei den Enthüllungen über den Lebenswandel der Burgfrau meinen Namen, als Quelle seiner Nachrichten, nicht genannt hat. Einige Tage nach meiner damaligen Abreise von seinem Edelsitze in der Oberpfalz ist er hierher gekommen und hat dem Baron Joseph — reinen Wein eingeschenkt. Beide haben dann gemeinschaftlich, wenn auch in der zartesten Weise, wie es unter Leuten der gebildeten Welt Brauch und Sitte ist, mit der Dame ein sehr ernstes Wort gesprochen. Sie hat gebeichtet und ist in sich gegangen. Baron Joseph hat es durch den Grafen und die Gräfin T.— einzuleiten gewußt, daß der junge Baron A.— sich der Burgfrau Agnes wieder genähert. Anfangs mit scheinbarer Kälte aufgenommen, ist er nach und nach ein gern gesehener Gast geworden, wozu seine Ehrenhaftigkeit, seine Liebenswürdigkeit, seine Vollendung in Umgangsformen und seine männliche Schönheit das Ihrige beigetragen hat. Allmälig hat er sich der Burgfrau unentbehrlich gemacht; tagtäglich ist er gekommen, ihr den Hof zu machen. Das Vorende ist gewesen: — Verlobung, und das wirkliche Ende: — Trauung! Gott sei Dank! schloß der Baron die lange Erzählung, von der ich Dir, liebe Marie, in den vorstehenden Zeilen nur die Hauptmomente gezeichnet habe. Das junge Ehepaar, fügte er hinzu, ist seit einem halben Jahre in Wien, wo es die unglückliche Kriegsperiode durchlebt hat. Baron A.— klagt in seinen Briefen, das einst so glückliche, so frohe Wien mit seinem gemüthlichen Humor sei ein Sitz geworden der tiefernstesten Betrachtung und der schärfsten Kritik,

und alle Fröhlichkeit von ehemals wie — weg=
geblasen; er aber sei glücklich im Besitz seiner
Agnes, des Edelsteins in der Perlenschnur geist=
voller und schöner Frauen. Auch die Burgfrau
drückt in ihren Briefen innere Zufriedenheit aus,
wiewol dann und wann Klänge einer etwas ver=
stimmten Saite durchtönen. Einen ihrer Briefe
hat mir der Baron zu lesen gegeben, aus dem
ich dieselbe Wahrnehmung geschöpft habe.

Was den Pfarrer anbelangt, so ist derselbe
nach Ankunft des Barons Z. unverzüglich aus
dem Schlosse verwiesen worden. Auf die bei seinen
geistlichen Oberen angebrachte Beschwerde des Ba=
rons Joseph haben diese alle Kenntniß von einer
Einwirkung auf die Burgfrau, um selbige zur
Aufrichtung eines Testaments, in welchem die
Kirche zum Erben der Freiherrlich Y.'schen Fami=
liengüter eingesetzt werden solle, auf das Entschie=
denste und so von sich abgelehnt, daß ihnen hat
Glauben beigemessen werden müssen. Von dem
Geheimniß, davon der Pfarrer mir gesprochen, ist
mithin der Schleier, der es deckt, nicht gelüftet
worden. Vielleicht ist es die Zeit, die in diese
dunkle Sache Licht wirft. Im Uebrigen haben
die geistlichen Oberen Sorge getragen, den Pfarrer
alsbald in eine entfernte Provinz zu versetzen.

Fräulein Mathilde von Z. ist auf ihrem väterlichen Edelsitz — in der Oberpfalz. Baron Joseph weiß etwas von dem Briefe, den Du, liebes Weib, an Mathilde geschrieben, als ich im Jahre 1856 an den heimathlichen Herd zurückgekehrt war. Was er aber eigentlich zu bedeuten gehabt, weiß er nicht. Nur so viel erzählte er mir, daß Mathilde, nach brieflichen Mittheilungen ihres Vaters, lange Zeit sehr traurig gestimmt gewesen, und diese Traurigkeit ganz besonders durch jenen Brief hervorgerufen worden sei. Seit einem Jahre habe sich diese Stimmung, welche die Eltern sehr betrübt, allgemach verloren; ein junger Gutsbesitzer aus der Nachbarschaft von Schloß — bewerbe sich um Mathildens Gunst, und es stehe zu erwarten, daß Beide ein Paar werden würden. Jenen Kelch von 1856 wird das „liebreizende Kind" also wol überwunden haben.

So lauten die Nachrichten, die ich Dir, geliebte Marie, zur Ergänzung meiner Briefe und Denkblätter von 1856, über die jetzigen Zustände der beiden Familien H. und Z. mitzutheilen habe.

Morgen oder übermorgen geh' ich nach München zurück. Bei meiner Ankunft werd' ich doch endlich Briefe von Dir vorfinden. Und ist meine Vermuthung richtig, daß Du zur Schillerfeier in

Berlin gewesen, so werd' ich doch etwas Sicheres über die dortigen scandalösen Vorgänge durch Deine wahrheitsgetreue Feder erfahren.

Lebe wohl, geliebtes Weib!
Dein Dich zärtlich und treu verehrender
Karl.

45.

Der Wallfahrer an den Baron Joseph von Y.

Stuttgart, 19. Novbr. 1859.

Zu den Gegenständen der Unterhaltung, welche bei meiner letzten Anwesenheit auf Schloß —·— die schon recht lang werdenden Abende in so liebenswürdiger, meist heiterer Weise füllte, gehörte auch der vom Könige Friedrich Wilhelm IV. von Preußen innerhalb seiner Staaten unter der alten Benennung der Ballei Brandenburg zu seiner ursprünglichen Bestimmung wiederhergestellte Orden der Johanniter-Ritter.

Indem Sie, verehrtester Freund! den edlen Zweck, welchen der König bei dieser Erneuerung der uralten Stiftung am heiligen Grabe im Auge gehabt, auch vollständig es anerkannten, daß die Brüderschaft der in der Ballei Brandenburg vereinigten Johanniter-Ritter nunmehro wieder einen wirklichen Orden bilde, dem die Ausübung der höchsten Pflicht im diesseitigen Leben, die der Nächstenliebe, zur Aufgabe gestellt sei; auch als einen großen Fortschritt in der sittlichen Bildung des Adels evangelischen Glaubensbekenntnisses es erachteten, daß er auf die — blos äußere Auszeichnung des Johanniter-Ritters durch weißen Emaillestern um den Hals und weißes Leinwandsternchen auf der linken Brust Verzicht geleistet habe, dagegen den ritterlichen Sinn, welcher der Stiftung zum Grunde liege, wiederum in der Brust trage, glaubten Sie anzweifeln zu dürfen, daß der Orden im Stande sein werde, die ihm gesteckte Aufgabe so vollständig zu lösen, als bei Wiederherstellung der Brüderschaft in der Absicht des Königs gelegen habe.

Sie meinten, die Geldbeiträge, welche der Ritter einmalig oder fortlaufend zur Ordenscasse zu entrichten habe, werde nicht ausreichen, um überall da, wo es nothwendig erscheine, Krankenhäuser zu gründen; daher es denn auch komme, daß von dem Wirken des Ordens bis jetzt so wenig zur öffentlichen Kunde gekommen sei. Und Sie fügten hinzu: Seitens des Königs würde es ein erhabener Gedanke gewesen sein, zugleich auch eine Handlung der Gerechtigkeit, wenn er sich bei Wiederherstellung des Ordens habe entschließen können, ihm auch alle die Güter zurückzugeben, welche König Friedrich Wilhelm III. ihm entzogen habe.

Auf diese Bemerkungen erlaubt' ich mir zu erwidern, daß, was den erstern Punkt betreffe, die Geldmittel des Ordens schon jetzt doch nicht so klein sein könnten, weil die Zahl der Ritter sich außerordentlich gemehrt habe und täglich wachse; den zweiten Punkt anlangend, es aber außerhalb der Macht des Königs gelegen habe, dem Orden die Güter zu restituiren, welche sein königlicher Vater, durch den Drang der Zeitumstände genöthigt, einzuziehen veranlaßt gewesen sei, um den Anforderungen Genüge zu leisten, die Frankreich in den Jahren 1807 bis 1813 an Preußen gemacht. Die Ordensgüter seien damals durch Verkauf in Privathände übergegangen, und darum gar nicht mehr zur Verfügung der preußischen Regierung. Friedrich Wilhelm III. sei damals auch vollkommen im Recht gewesen, einen Orden aufzuheben, der seine ursprüngliche Bestimmung ganz aus dem Gesicht verloren habe und zu einer Anstalt herabgesunken sei, aus deren Einkommen man die Söhne altadeliger Familien versorgen könne. Weil das doch der Absicht der Stifter des Ordens und derjenigen Familien und einzelnen Personen, die ihn im Laufe der Jahrhunderte mit liegenden Gründen und Capitalien bedacht, durchaus entgegen gewesen sei, so habe der König um so weniger Anstand zu nehmen brauchen, die Aufhebung der Ballei Brandenburg auszusprechen, als auch andere Balleien in anderen Gegenden von Deutschland noch zur Zeit des Bestandes der Reichsverfassung von den dortigen Regierungen aufgelöst worden seien, und zwar aus Gründen blos der Zweckmäßigkeit, nicht der Nothwendigkeit, wie es in Preußen der Fall gewesen. Uebrigens seien die Ritter, die Commenthure und der Herrenmeister, welche aus dem Ordensvermögen ein Einkommen bezogen hätten, im Genuß desselben bis an ihr Lebensende geblieben, indem die Staatscasse an die Stelle der Ordenscasse getreten sei.

Was den ersten Punkt, die Wirksamkeit des wiederhergestellten Ordens, betrifft, so freut es mich, Ihnen, verehrtester Freund, heute eine Ergänzung Dessen mittheilen zu können, was ich darüber mündlich erzählt habe. Bei meiner Ankunft hierselbst hab' ich nämlich von einem Freunde in Berlin eine vollständige Nachricht von dem heutigen Stande der Ordens=Wirksamkeit vorgefunden. In der Voraussetzung, daß es von Interesse für Sie sein werde, diesen Stand kennen zu lernen, beehre ich mich, Ihnen folgende Uebersicht vorzulegen.

Das Wirken der Ballei Brandenburg und ihrer Genossenschaften bezieht sich auf Kranken= und Siechenhäuser 2c., die dem Orden eigenthümlich gehören, und auf Anstalten, welche einmalige oder fortlaufende Beihülfen erhalten.

I. Die Ballei an sich.

a) Ihr eigenthümlich gehörende Anstalten sind:
1) Das Kranken= und Siechenhaus zu Sonnenburg in der Neumark mit 52 Betten.
2) Das Hospiz in Jerusalem, mit 10 Betten. In demselben werden arme Reisende fünfzehn Tage lang auf Kosten der Ballei unentgeltlich verpflegt. Das Gebäude selbst ist Eigenthum des Jerusalem=Collecten=Fonds in Berlin, an den die Ballei eine jährliche Miethe von 240 Thlr. zahlt.
3) Das Krankenhaus zu Polzin in Pommern ist im Entstehen begriffen. Der Ankauf eines geeigneten Gebäudes ist vom Kapitel geneh=

migt. Dieses Krankenhaus ist auf 48 Betten berechnet.

b) Fortlaufende oder einmalige Unterstützung gewährt die Ballei folgenden Anstalten:

4) Den vier Siechenhäusern bei den in Berlin neu errichteten Kirchengemeinden zu St. Jacobi, St. Elisabeth, St. Bartholemäus und Bethesda. Diese Siechenhäuser sind auf Anregung und mit Hülfe der Ballei gegründet worden, und jedes erhält seit 1856 eine jährliche Beihülfe von 300 Thlr.

5) Die Stiftung des Johanniter=Ordens zu Bucharest, aus einem Krankenhause und einer Schule bestehend, ist von dem preußischen Generalconsul in den Donaufürstenthümern, Freiherrn von Meusebach, der Ehrenritter des Ordens ist, gegründet worden. Diese Stiftung hat bis jetzt 4640 Thlr. als Beihülfe aus der Ballei=Casse empfangen.

6) Das Diakonissenhaus in Jerusalem erhält seit 1857 eine jährliche Beihülfe von 300 Thlr. Außerdem sind zwei Mal außerordentliche Unterstützungen, zusammen 800 Thlr., gezahlt worden.

7) Die Cretinen=Anstalt in München=Gladbach, in der Rheinprovinz, ist mit Hülfe eines Ge-

schenks der Ballei von 2500 Thlr. in's Leben gerufen worden; 300 Thlr. werden fortlaufend als jährliche Beihülfe gewährt.

8) Das Diakonissen=Krankenhaus „Elisabethen=Stift" in Darmstadt hat zwei Mal Beihülfen von 2000 Thlr. und 1000 Thlr. aus der Ballei=Casse erhalten.

II. Die Preußische Genossenschaft in der Provinz Preußen hat

9) Das Krankenhaus in Preußisch=Holland zu 40 Betten und

10) Das Krankenhaus in Gerdauen, ebenfalls zu 40 Betten; davon ersteres im Rohbau vollendet, und letzteres im gegenwärtigen Herbste in Angriff genommen worden ist.

Unterstützung hat die Genossenschaft zufließen lassen:

11) Dem Krankenhause in Wartenburg ein Mal mit 100 Thlr., und

12) Dem Diakonissen=Krankenhause zu Königsberg eine jährliche Beihülfe von 225 Thlr. seit 1855.

III. Die Brandenburgische Genossenschaft besitzt

13) Das Krankenhaus zu Jüterbog mit 26 Betten seit 1856;

14) Das Krankenhaus zu Neuruppin mit 20 Betten.
15) Das Krankenhaus zu Stendal, in der Altmark, gleichfalls mit 20 Betten, wird im Frühjahr 1860 in Bau begonnen werden.
16) Das Diakonissen = Krankenhaus Bethanien in Berlin diente bis zur Eröffnung der Jüterboger Anstalt den Ordenszwecken, indem in demselben 6 Betten auf Kosten der Genossenschaft unterhalten wurden.

IV. Die Pommersche Genossenschaft hat
17) Den Bau eines Krankenhauses zu Züllchow bei Stettin beschlossen, der im Frühjahr 1860 beginnen wird. Es ist auf 40 Betten berechnet.

V. Die Schlesische Genossenschaft besitzt
18) Ein Krankenhaus zu Erdmannsdorf mit 50 Betten und hat
19) Den Bau eines Krankenhauses für 30 Betten zu Falkenberg in Oberschlesien im Frühjahr 1860 in Angriff nehmen lassen.

Unterstützung gewährt sie —
20) Dem Diakonissen=Krankenhause Bethanien in Breslau jährlich mit 500 Thlr. seit 1854.

21) Das Krankenhaus zu Reichenbach hat 1500 Thlr. und
22) Das Krankenhaus in Singroth bei Nimptsch 450 Thlr. als einmalige Unterstützung empfangen.

VI. Die Posensche Genossenschaft besitzt
23—26) Die vier Krankenhäuser zu Tirschtiegel, Pinne, Fraustadt und Muravana-Goslin, ein jedes zu 8 Betten. Das zuletzt genannte Krankenhaus ist aber baulich so eingerichtet, daß 16 Betten aufgestellt werden können.

VII. Die Sächsische Genossenschaft, Provinz Sachsen, hat
27) Das Siechenhaus in Mansfeld mit 18 Betten.

VIII. Die Westfälische Genossenschaft besitzt
28) Das Kranken- und Siechenhaus zu Altena mit 22 Betten.

IX. Die Rheinische Genossenschaft unterstützte
29) Die Cretinen-Anstalt zu München-Gladbach im Mai 1859 mit 1500 Thlr. und wird ihr

im Mai 1860 eine Beihülfe von 2500 Thlr. gewähren. Außerdem zahlte sie vom 1. April 1859 bis dahin 1860 einen Zuschuß von 200 Thlr. Auf dem nächsten Rittertage dieser Genossenschaft, welcher im Mai 1860 stattfinden wird, soll darüber Beschluß gefaßt werden, ob sich die Rheinische Genossenschaft zu der bisher sowol von der Ballei als von ihr unterstützten evangelischen Heil- und Pflege-Anstalt für blödsinnige Kinder Rheinlands und Westfalens fortan so stellen will, wie zu einem Johanniter-Krankenhause.

X. Die Würtembergische Genossenschaft

hat bei der kleinen Zahl ihrer Mitglieder für jetzt nur eine ambulatorische Krankenpflege einrichten können*).

XI. Die Mecklenburgische Genossenschaft unterhält

30) Im Krankenhause Bethlehem zu Ludwigslust 4 Betten.
31) Im Carolinenstifts-Krankenhause zu Neustrelitz 1 Bett.

---

*) Im Jahre 1860 hat sie ein Krankenhaus, wenn ich nicht irre, in Plochingen eröffnet.   D. Herausgeber.

XII. Die Genossenschaft im Großherzog=
thum Hessen giebt

32) Dem Diakonissen=Krankenhause „Elisabethen=
Stift" alle seine Mittel als Unterstützung.

Stellt man die einzelnen Posten unter ein=
ander, so findet sich als Resultat, daß die Ballei
Brandenburg und ihre Genossenschaft bis jetzt für
Ordenszwecke Folgendes geleistet hat:

An einmaligen Geldbeiträgen . . 16990 Thlr.
An fortlaufenden jährlichen . . . 2065 =
An gestifteten Betten in Kran=
    ken= und Siechenhäusern . . . 459 Betten.

So sagt das Begleitschreiben, welches mein Ber=
liner Freund der obigen Uebersicht hinzugefügt hat.

Wer in den Orden aufgenommen wird, zahlt
an die Ballei= oder Genossenschafts=Casse entweder
ein für alle Mal 200 Thlr. preuß. Courant =
300 Fl. östr. Währung = 350 Fl. rheinisch,
oder einen jährlichen Beitrag von 12 Thlr. =
18 Fl. rheinisch = 21 Fl. östr. W. Beim Auf=
steigen zum Commendator oder Vorsteher einer
Genossenschaft hat der Ritter noch 100 Thlr. zu
entrichten.

Was die Vergangenheit der Ballei Branden=
burg betrifft, so hatte vor dem Kriege von 1806
das Herrenmeisterthum des St. Johanniter=Or=

bens seinen Sitz theils in Berlin, theils in Sonnenburg, wie auch jetzt wieder nach Wiederherstellung des Ordens. Der letzte Herrenmeister war der Prinz August Ferdinand, jüngster Bruder Königs Friedrich II., geb. 1730, gest. 1813. Der Herrenmeister des wiederhergestellten Ordens ist der Prinz Friedrich Karl Alexander, dritter Sohn des Königs Friedrich Wilhelm III., geb. 1801.

Die zur Ballei Brandenburg gehörigen Commenden, soweit sie durch den Tilsiter Frieden 1807 nicht an Frankreich abgetreten wurden, waren: Lagow, Burschen, Lietzen, Schievelbein und Gorgast. An Napoleon gelangten durch jenen Frieden und wurden dem Königreich Westfalen einverleibt: Die Commenden Süpplingenburg, Werben und Wietersheim. Sie kamen aber nicht, so weit ich mich erinnere, an die Domainen des neuen Königs, sondern wurden von Napoleon an Offiziere seiner Armee verschenkt.

Nachschriftlich und nachrichtlich

hat der Unterzeichnete am Schluß des neunten Bandes die Bemerkung einzuschalten, daß ihm vom „Sechsundsechsziger" noch weitere Mittheilungen aus seiner „Wallfahrt durch's Leben" in Aussicht gestellt worden sind, und er von demselben aufgefordert worden ist, auch diese als „Neue Folge" dem Druck zu übergeben. Urtheilt der Unterzeichnete nach dem Eindruck, den das Lesen der vorliegenden neun Bändchen auf ihn gemacht, so wird auch diese „Neue Folge" wichtige Aufschlüsse über Menschen und Ereignisse aus jüngster Vergangenheit und Gegenwart enthalten. Von einer Abtheilung der „Neuen Folge" sagt aber der Wallfahrer, daß sie erst nach seinem Tode veröffentlicht werden solle, und er das Manuscript bei einer Gerichtsbehörde mit einer letztwilligen Verfügung niederlegen werde. Die Gründe für diese Bestimmung kann der Unterzeichnete nur billigen; denn die in Rede seiende Abtheilung wird, wie er aus Gesprächen mit dem Verfasser weiß, Personalien über Todte und Lebendige aus höchsten Lebenskreisen schildern, die ihn möglicher Weise in einen Federkrieg verwickeln könnten. Und einen solchen Kampf hat er auf seiner langen Pilgerfahrt stets gehaßt und gemieden. Den Spätabend seines Lebens will er sich nicht verbittern: „hab' ich doch, schreibt er, der bitteren Mandeln genug zu knacken gehabt!"

Der Herausgeber.

Ende.

Druck von G. Pätz in Naumburg.